그림으로 재미있게 역사를 익히는

우리 역사 그림 연표

②

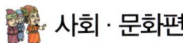 사회·문화편

그림으로 재미있게 역사를 익히는
우리 역사 그림 연표 ❷ 사회·문화편

1판 1쇄 발행 | 2012. 11. 26.
1판 3쇄 발행 | 2017. 12. 1.

지호진 글 | 이동철 그림

발행처 김영사 | 발행인 고세규
편집 김효성 | 디자인 진행 지누커뮤니케이션
등록번호 제 406-2003-036호 | 등록일자 1979. 5. 17.
주소 경기도 파주시 문발로 197(우10881)
전화 마케팅부 031-955-3100 | 편집부 031-955-3113~20 | 팩스 031-955-3111

ⓒ 2012 지호진, 이동철

이 책의 저작권은 저자에게 있습니다.
서면에 의한 저자와 출판사의 허락없이 내용의 일부를 인용하거나 발췌하는 것을 금합니다.

값은 뒤표지에 있습니다.
ISBN 978-89-349-6067-6 73900

좋은 독자가 좋은 책을 만듭니다. 김영사는 독자 여러분의 의견에 항상 귀 기울이고 있습니다.
독자의견전화 031-955-3139 | 전자우편 book@gimmyoung.com | 홈페이지 www.gimmyoungjr.com
어린이들의 책놀이터 cafe.naver.com/gimmyoungjr | 드림365 cafe.naver.com/dreem365

독자의견전화 031-955-3139
전자우편 book@gimmyoung.com
홈페이지 www.gimmyoungjr.com
어린이들의 책놀이터 cafe.naver.com/gimmyoungjr

어린이제품 안전특별법에 의한 표시사항

제품명 도서 제조년월일 2017년 12월 1일 제조사명 김영사 주소 10881 경기도 파주시 문발로 197
전화번호 031-955-3100 제조국명 대한민국 ⚠주의 책 모서리에 찍히거나 책장에 베이지 않게 조심하세요.

그림으로 재미있게 역사를 익히는

우리 역사 그림 연표 ②

사회·문화편

지호진 글 | 이동철 그림

주니어김영사

역사에 대한 관심과 이해를 넓히는 든든한 학습 자료!

  사회는 공통된 제도나 종교, 가치 등을 함께하는 사람들이 모여 집단을 이룬 것이에요. 역사 속에서 우리 조상은 시대마다 정치와 경제를 바탕으로 다양한 사회의 모습을 만들어 냈지요. 나아가 우리 조상은 우리 민족 고유의 의식주, 언어, 풍습, 학문, 예술 등을 이루고 발전시켰어요. 그것이 바로 문화예요.

  여러분은 우리 역사에서 사회적으로 어떤 일들이 일어났는지, 문화적으로는 어떤 사건들이 벌어졌는지 알고 있나요? 또 각 사회·문화적 사건과 사건이 일어난 시대를 올바르게 연결시킬 수 있나요? 그래서 연표를 통해 우리 역사에서 중요한 사회·문화적 사건을 정리해 보았어요.

  연표는 옛날에 있었던 일들을 시간의 순서에 따라 알기 쉽게 표로 정리한 것이에요. 연표는 우리 역사 속 사회·문화가 어떻게 변화되었는지를 간단명료하고 일목요연하게 알 수 있게 해 주지요. 즉 역사적으로 중요한 일이나 사건들이 어느 시대에 속해 있는지, 반대로 어느 시대에

 어떤 사건들이 일어났는지를 쉽게 찾아볼 수 있고, 역사가 변화된 모습과 역사의 흐름을 쉽게 파악할 수 있게 도와주지요.

 연표를 통해 역사 속 다양한 사건을 한눈에 보고 단숨에 파악할 수 있고, 역사적인 사건 하나하나의 발단, 전개 과정, 결과를 이해할 수 있도록 정리하느라 《우리 역사 그림 연표》라는 책을 만드는 데는 오랜 시간이 걸렸어요. 노력에 노력을 기울여 첫 번째 권으로 정치·경제 분야에 대한 내용을 구성하여 책을 펴냈고, 이어서 두 번째 권인 사회·문화편이 여러분을 만나게 되었어요. 부디 《우리 역사 그림 연표》를 통해서 내일의 주인공인 어린이 여러분이 우리 역사에 대한 관심을 키우고 지식을 넓혀 역사를 잘 이해하게 되었으면 좋겠어요.

지호진 · 이동철

100년의 역사를 한눈에
우리나라의 사회, 문화 역사를 100년 단위로 한 꼭지씩 구성했어요. 100년 안에 일어난 중요한 사건들과 변화를 일목요연하게 알 수 있고, 시대의 흐름도 한눈에 볼 수 있지요.

시대의 배경과 흐름을 단숨에
한 꼭지가 시작될 때마다 그 시대의 사회와 문화를 요약하고 정리해 두었어요. 전체적인 배경과 사건의 흐름을 단숨에 이해할 수 있지요.

중요한 사건은 인상 깊게
다른 사건에 큰 영향을 주거나 큰 변화를 불러일으킨 중요한 사건들은 큰 그림으로 쉽고도 인상 깊게 만나 볼 수 있어요.

사건의 내용은 쉽게
모든 사회, 문화 역사는 재미있게 만화를 읽어 가듯
네 칸 그림으로 구성했어요. 복잡한 사건도 압축해 놓아서
사건의 발단과 진행 과정, 결과를 술술 이해할 수 있지요.

만화 대사는 재미있게
사건의 핵심을 간결하고도 재미있는 그림으로 그려 내어
자칫 딱딱해질 수 있는 해설을 부드럽게 녹여 냈어요.
또 엉뚱하고 기발한 인물들의 대사가 책을 보는 재미를
더해 주지요.

숨은 역사를 꼼꼼하게
주제와는 별도로, 역사적으로 꼭 알아야 할 내용을 전부 찾아내
역사에 대한 지식과 배경까지도 꼼꼼하게 알 수 있게 했어요.
이 책에 나와 있는 연도는 국사편찬위원회와
한국학중앙연구원에서 정리한 내용을 따랐어요.

사건이 일어난 시대를 단번에
사건이 벌어지고 있는 때가 어느 시대인지를 콕 집어 주는
역사 연표를 각 쪽마다 위쪽에 배치했어요.
각 시대를 대표하는 캐릭터만 보아도 지금 시대가
언제인지 알 수 있을 거예요.

차례

고조선
기원전 2333년~기원전 101년
17

고조선에 뒤이은 나라들 2
1~100년
29

고조선에 뒤이은 나라들 4
201~300년
41

삼국 시대 4와 통일 신라 시대 1
601~700년
67

선사 시대
기원전 70만 년~기원전 8000년
11

고조선에 뒤이은 나라들 1
기원전 100년~기원전 1년
23

고조선에 뒤이은 나라들 3
101~200년
35

삼국 시대 2
401~500년
53

삼국 시대 1
301~400년
47

삼국 시대 3
501~600년
59

통일 신라 시대 2와 발해 1
701~800년
73

교과 연계	
5학년 1학기 사회	전 단원
5학년 2학기 사회	전 단원

선사 시대

기원전 **70만** 년 ~ 기원전 **8000**년

한반도에는 약 70만 년 전인 구석기 시대부터 사람이 살기 시작했다. 구석기 시대 사람들은 주먹 도끼 같은 뗀석기를 사용했으며 사람이 죽으면 장례 의식을 치르고, 동굴이나 바위에 그림을 그리기도 했다. 기원전 8000년 무렵부터 등장한 신석기 시대 사람들은 정착 생활을 하며 움집을 만들고 빗살무늬 토기 등 토기를 만들어 사용했고, 간석기를 주로 사용했다.

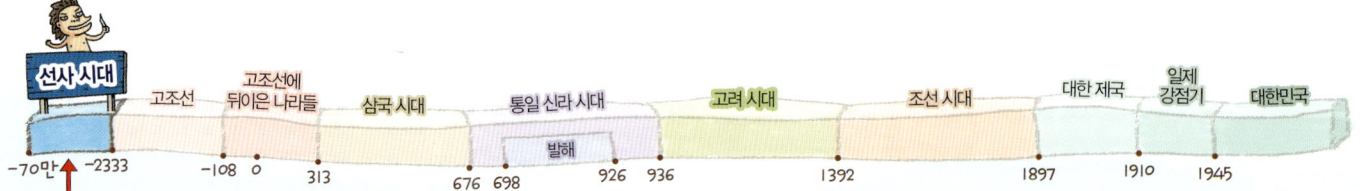

기원전 70만 년 한반도에 구석기 문화가 시작되다

기원전 70만 년~기원전 60만 년 불을 사용하고 꼿꼿하게 걷다

기원전 10만 년~기원전 4만 년 집단 사냥을 하고 동굴에서 생활하다

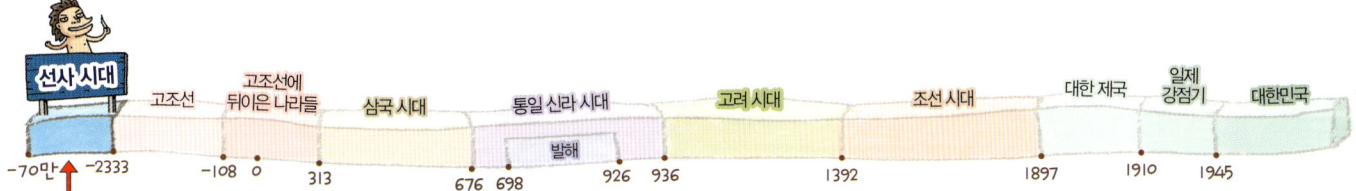

기원전 4만 년 구석기 시대 사람들이 장례를 치르다

1983년 충청북도 청원의 두루봉 동굴에서 돌을 캐내는 채석 작업을 하다가 사람의 뼈 화석을 발견했다. 조사한 결과 그 뼈는 약 4만 년 전에 살았던 5살쯤 된 어린아이의 것이었다. 당시에 뼈 화석을 발견한 김흥수 씨의 이름을 따서 뼈 화석을 '흥수아이'라고 부른다. 발굴 당시 흥수아이는 편편한 돌 위에 누워 있었다. 흥수아이의 머리와 가슴에서 여섯 종류의 꽃가루 성분이 나왔는데, 이것은 구석기 시대에도 사람이 죽으면 슬퍼하며 장례를 치렀고, 지금처럼 장례 의식으로 꽃을 뿌렸다는 것을 짐작하게 해 준다.

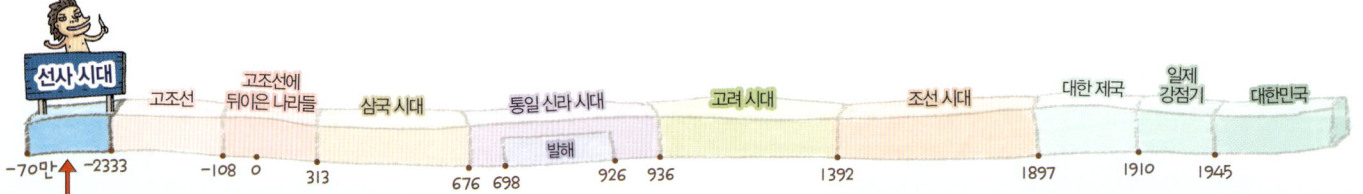

기원전 4만 년~기원전 1만 년 구석기 시대 사람들이 막집을 짓다

주로 떠돌이 생활을 하던 구석기 시대 사람들은 임시로 자고 쉴 곳으로 강가나 바닷가에 막집을 지었다.
아무렇게나 막 지어서 막집?

이들이 지은 막집의 모양을 짐작해 보면 원뿔 모양의 나무를 기둥으로 둘러 세우고, 기둥을 가죽이나 풀로 덮었으며,

출입문 바깥에는 불을 피우던 화덕이 있었다.
밥은 먹어야 되니까.

충남 공주시 석장리와 충북 제천시 사기리에서 막집의 흔적이 발견되었다.
막집 흔적 - 석장리

기원전 4만 년~기원전 1만 년 동굴이나 바위에 그림을 그리다

이때에는 활과 화살로 사냥을 했으며, 실과 뼈를 이용해 물고기를 잡는 낚시 도구를 만들었다.
뼈
똑똑한걸.

또한 사냥감과 자식이 많이 생기기를 바라며 동굴 벽이나 바위에 그림을 그렸고,
내가 바로 최초의 화가이며,

동물의 뼈나 돌로 숭배의 대상을 조각하기도 했다.
인류 최초의 조각가이기도 하지.

난 천재인가? 하하하
이들을 슬기 사람보다 더 슬기로운 사람이란 뜻으로 '슬기슬기 사람'이라고 불러.

기원전 8000년 무렵 신석기 시대 시작, 간석기를 사용하다

세월이 흘러 한반도에 지능이 더 발달한 사람들이 등장했다. 그들은 더 날카로운 도구를 만들기 위해 궁리한 끝에,

너 하루 종일 사냥 안 하고 뭐 하니?
사냥을 더 쉽게 할 수 있는 도구를 연구 중.

돌을 떼어 만든 도구가 아닌 돌을 갈아 만든 도구를 사용하기 시작했다.
지금도 충분히 편한데…

이때를 새로운 석기를 사용한 시대라고 하여 '신석기 시대'라고 한다. 돌을 갈아 만든 도구는 간석기라고 한다.
성공이다.
신석기

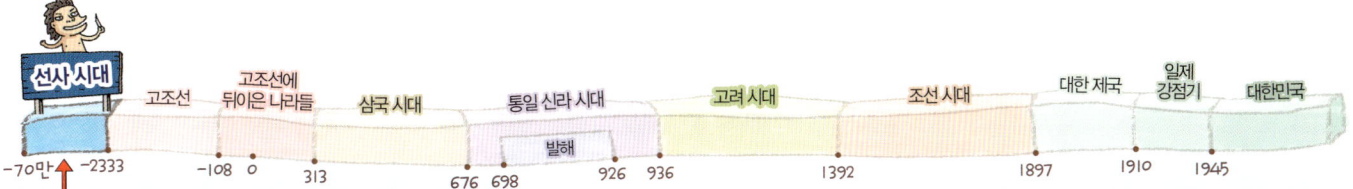

기원전 5000년 무렵 원시적인 농사를 짓기 시작하다

기원전 4000년 무렵 움집을 만들고 정착 생활을 하다

기원전 4000년~기원전 3000년 무렵 씨족 생활을 하다

꼭 알아 두어야 할 '이 시대엔 이런 일들이'

기원전 10만 년 무렵

구석기 시대의 사람들이 사용했던 주먹 도끼가 지금의 경기도 연천군 전곡리에서 발굴되었다. 주먹 도끼는 전기 구석기 시대의 대표적인 뗀석기이다.

기원전 10만 년 무렵

한반도에 지금과 같은 지형, 기후, 동식물이 나타나고 사람들은 야생 곡물을 재배했다.

기원전 5000년 무렵

신석기 시대 사람들이 사용한 농기구가 지금의 황해도 봉산군 지탑리에서 불에 탄 곡물과 함께 발견되었다.

기원전 4000~3000년 무렵

신석기 시대 사람들이 살던 집터가 1925년 대홍수 때 지금의 서울시 강동구 암사동에서 발견되었다.

기원전 3000년 무렵

신석기 시대 사람들은 간석기뿐 아니라 동물의 뼈를 갈아 만든 골각기를 사용했다. 또한 가리비 위에 두 눈과 입 모양을 파서 사람 얼굴을 나타냈는데 이는 풍요와 다산을 기원하던 원시 신앙의 표현이었다.

고조선

기원전 **2333**년 ~ 기원전 **101**년

우리 민족이 세운 첫 국가인 고조선은 청동으로 만든 도구를 사용하는 청동기 문화를 바탕으로 발전했다. 고인돌이라는 거대한 돌무덤을 세웠으며, 비파형 동검, 세형 동검, 청동 거울, 청동 방울 등 많은 도구를 청동기로 만들어 사용하며 청동기 문화와 기술을 발달시켰다. 개인의 재산을 보호하는 것을 중요하게 여겼고, 나중에는 철기 문화를 받아들였다.

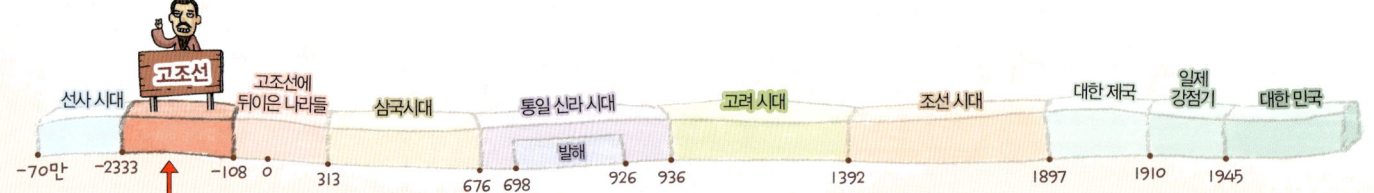

기원전 3000년 무렵 벼농사를 짓기 시작하고 계급 사회가 등장하다

경기도 김포시 가현리와 고양시 일산 가와지 유적에서 불에 탄 쌀이 발견되었다. 이 쌀은 기원전 3000년~기원전 2000년의 쌀로 밝혀져, 이 무렵에 한반도에서 벼농사를 짓기 시작했을 것으로 짐작한다. 또한 일산 가와지 유적에서는 소의 긴 뼈로 만든 도구와 개의 윗 앞니가 출토되어 이 시기에 소와 개를 가축으로 길렀음을 알게 해 주었다. 벼농사를 지으며 식량이 풍족해지고 인구가 늘어나자, 개인이 재산을 갖기 시작했다. 그러자 재산의 차이가 생기고, 지배를 하거나 지배를 받는 관계가 생겨났다. 즉 권력을 가지고 부족을 다스리는 우두머리인 군장이 등장하여 계급 사회가 펼쳐졌다.

기원전 2800년 무렵 농사를 위해 별자리를 관측하다

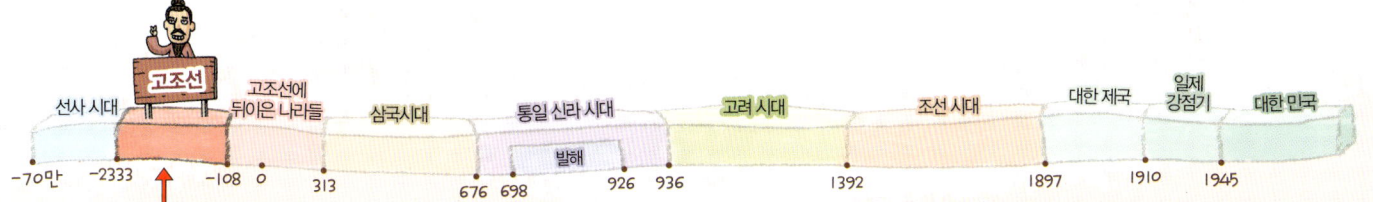

기원전 2000년 무렵 청동기 문화가 시작되고, 고조선이 건국되다

기원전 2000년 무렵 단군왕검이 국가를 세우다

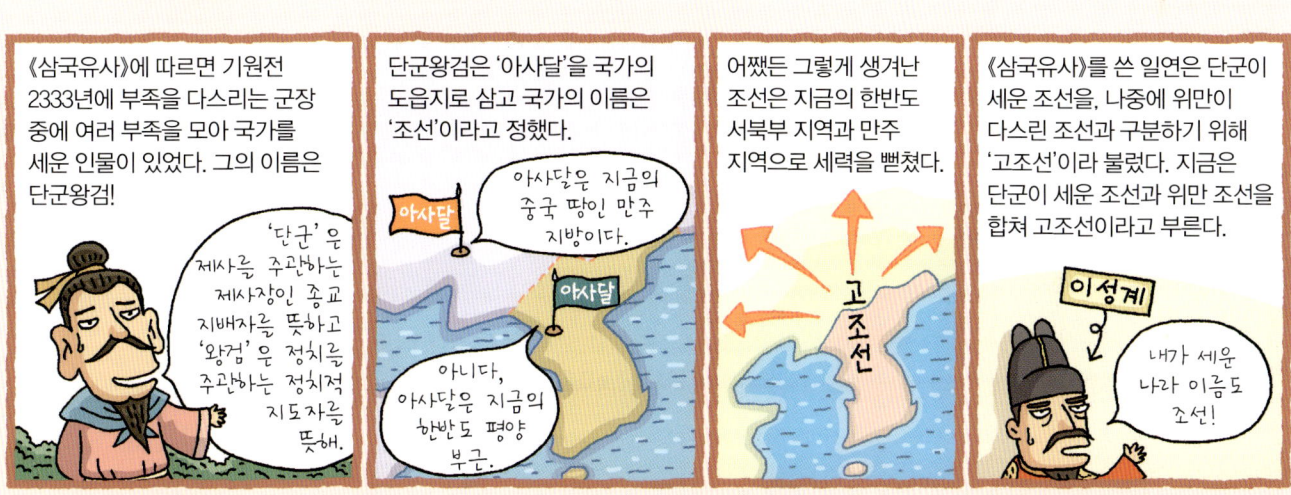

기원전 2000년 무렵 한반도 남쪽에 고인돌을 세우다

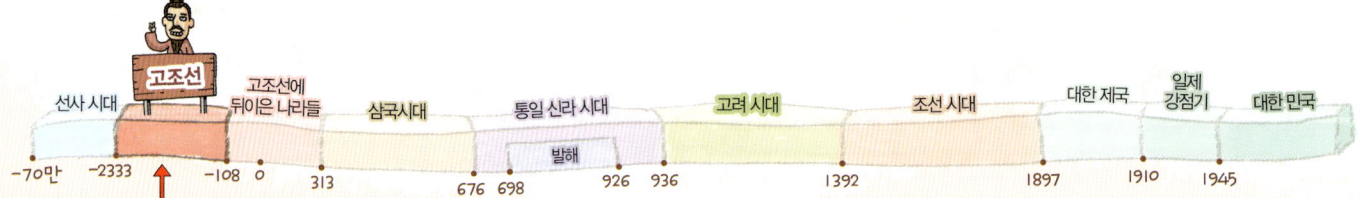

기원전 1100년 무렵　개인의 재산을 보호하는 것을 중요하게 여기다

사람을 죽인 자는 사형에 처한다. 남에게 상처를 입힌 자는 곡식으로 보상해야 한다. 남의 물건을 도둑질한 자는 도둑맞은 자의 노비로 삼는다 등…….

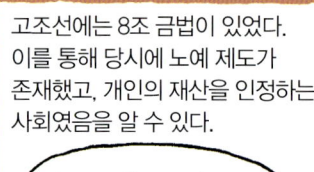

고조선에는 8조 금법이 있었다. 이를 통해 당시에 노예 제도가 존재했고, 개인의 재산을 인정하는 사회였음을 알 수 있다.

남에게 상처를 입힌 죄는 곡식으로 갚으면 되는데, 남의 물건을 훔친 죄는 노예가 되어야 한다니…

절도죄에 대한 처벌이 상해죄에 비해 지나치게 가혹한 것은 고조선이 개인의 재산을 보호하는 것을 매우 중요하게 여겼기 때문이다.

이는 곧 재산을 많이 갖고 있는 귀족들을 보호하기 위한 제도였으며, 지배 계급이 큰 권력을 갖고 있었음을 말해 준다.

난 소중한 귀족!

기원전 900년~기원전 800년　고조선에서 비파형 동검이 널리 사용되다

비파형 동검은 우리의 옛 악기인 비파처럼 생긴 청동 검이다. 중국 랴오허 강 유역인 요령 지역에 주로 분포해 요령식 동검이라고도 부른다.

비파는 요렇게 생겼지.

동검은 주로 고조선 사람들이 사용한 것으로 청동기 시대와 고조선을 대표하는 유물이다.

비파형 동검은 조립식으로 중국식 동검과 형태가 다르며 탁자식 고인돌과 함께 고조선의 영토였던 한반도에서 만주 지역까지 분포하지.

기원전 400년~기원전 500년 무렵에 한반도에서는 비파형 동검이 발전해 보다 날렵하게 생긴 세형 동검이 등장했다.

세형 동검은 한반도 지역에서만 발견되어 '한국식 동검' 이라고도 부름.

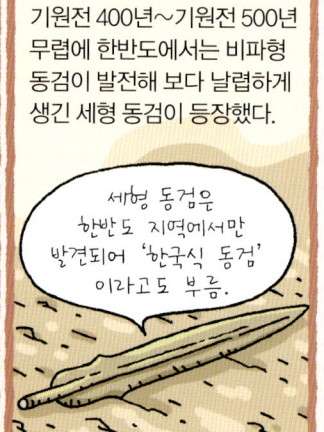

기원전 800년~기원전 700년　고조선에서 미송리형 토기가 사용되다

청동기 시대에는 농업이 발달해 토기가 다양해지고 질도 좋아졌다. 대표적 토기는 표면에 무늬가 새겨져 있지 않은 '민무늬 토기'이다.

나는 밑바닥이 판판한 원통 모양의 화분형 토기!

나는 밑바닥이 좁은 팽이형 토기. 빛깔은 불그스름한 적갈색!

민무늬 토기 중에 '미송리형 토기'는 밑면이 납작하고, 양쪽 옆에 손잡이가 달려 있는 항아리 모양이다.

평안북도 의주군 미송리의 동굴 유적에서 처음 발굴되어 미송리형 토기!

미송리형 토기는 비파형 동검과 더불어 고조선의 세력 범위를 연구하는 데 중요한 유물이다!

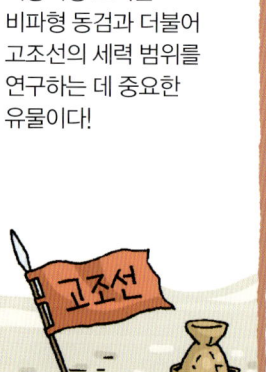

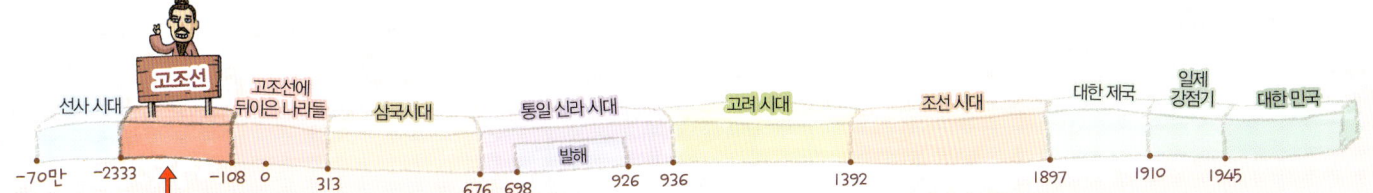

기원전 400년~기원전 300년 철기 문화가 시작되고 한자가 고조선에 전해지다

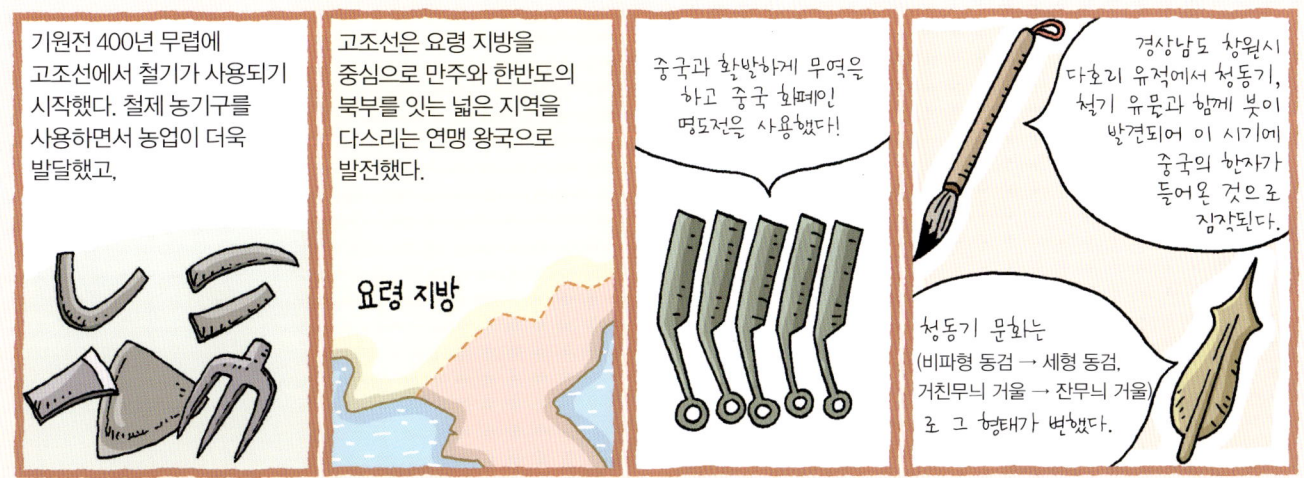

기원전 300년~기원전 200년 무렵 고조선에서 〈공무도하가〉가 불려지다

고조선에서 불리던 노래가 한자로 번역한 시, 〈공후인〉으로 전하는데, 그 노래의 이름은 〈공무도하가〉이다.
머리가 하얗게 센 어느 미친 사람이 강가를 건너다 물에 빠져 죽자, 그 아내가 공후라는 악기를 타며 노래를 부른 뒤 자신도 물에 빠져 죽었다는 이야기가 있다. 이 이야기를 듣게 된 여옥이라는 여인이 그 여인의 슬픔을 노래로 지어 공후와 함께 불렀다. 여옥이 부른 그 노래가 너무나 슬프고 아름다워 들은 사람은 누구나 눈물을 흘렸다고 한다. 이 노래 〈공무도하가〉가 한자로 번역되어 〈공후인〉이라는 시로 지금까지 전하게 되었다. 〈공후인〉은 우리 나라에서 가장 오래된 문학 작품으로 평가받고 있다.

우리 역사 그림 연표 사회·문화편

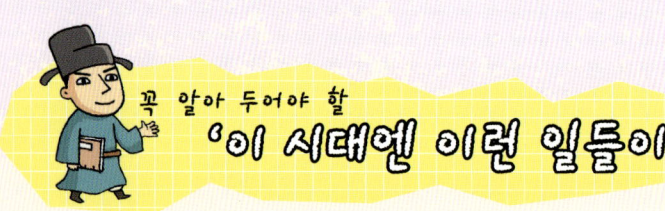
꼭 알아 두어야 할 '이 시대엔 이런 일들이'

기원전 403년

한반도 중·남부 지역에 진국(辰國)이라는 나라가 세워졌다. 진국은 농사를 지으며 각종 제사 의식을 치렀으며, 신을 받들고 제사를 지내는 것이 정치의 중심이 되는 제정일치 사회였다.

기원전 400년~기원전 300년

고조선이 중국 대륙의 연나라와 전쟁을 벌였다. 북만주 일대를 무대로 부여가 국가를 형성했다.

기원전 403년

고조선의 부왕이 왕위에 올랐다.

기원전 194년

위만이 고조선의 수도인 왕검성을 공격하여 준왕을 몰아내고 새 왕조를 세웠다.

기원전 190년

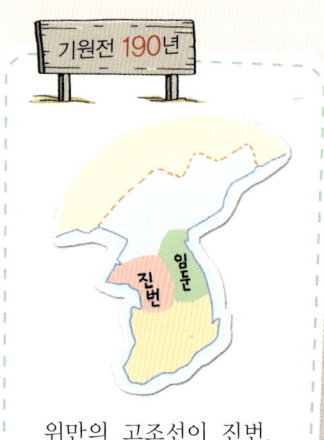

위만의 고조선이 진번, 임둔 지역을 복속시켰다.

기원전 109년

한나라가 고조선을 침략했다.

기원전 108년

고조선이 멸망했다. 한나라가 고조선의 영토 4곳에 행정 구역인 한사군을 설치해 다스리게 되었다.

고조선에 뒤이어 일어난 나라들 1

기원전 100년~기원전 1년

고조선이 멸망할 무렵, 만주와 한반도에 등장한 여러 부족 국가들은 농업을 발달시키며 하늘에 제사를 지내고 풍년을 기원하는 제천 의식을 치렀다. 부족 국가들은 결혼과 장례 등에서 각각의 독특한 풍속이 있었다.

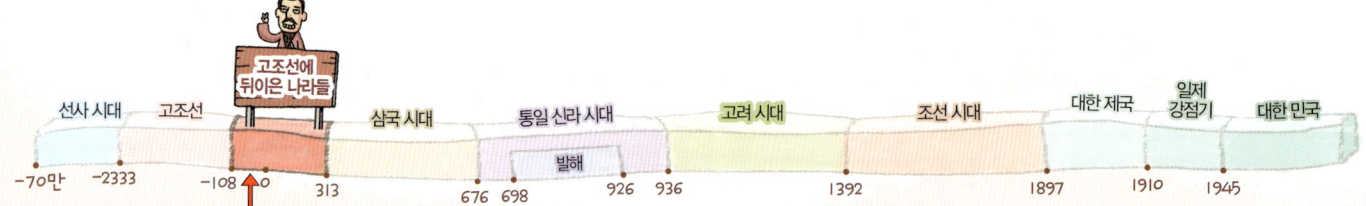

기원전 100년 무렵 부여에서 영고라는 제천 의식을 치르다.

기원전 300년~기원전 200년 무렵에 만주 지방을 중심으로 세력을 펼쳐 나간 부여는 농업을 발달시키며 일찍이 철기 문화를 받아들였다. 기원전 100년 무렵에는 5개의 부족이 뜻을 모아 연맹 왕국으로 성장했다. 부여는 해마다 12월에 영고라는 제천 의식을 치렀다. 이때에는 온 백성이 모여 하늘에 제사를 지내며 회의를 열었고, 며칠 동안 노래하고 춤추며 음주를 즐기고, 죄가 가벼운 죄수는 풀어 주었다고 한다.

기원전 100년 무렵 옥저에서 민며느리 제도를 시행하다

옥저는 기원전 200년 무렵에 지금의 강원도 북부와 함경도 함흥평야 일대에 세워진 부족 사회이다. 토지가 기름져 농사가 발달했고, 소금과 해산물이 풍부했다.

옥저에는 여자가 10살에 약혼을 하고 미리 신랑의 집에 가서 집안일을 도와주며 살다가, 성인이 되면 신부의 원래 집에 가서 혼례를 치르는 결혼 풍속이 있었다.

그때 신부의 집에서는 그동안 신부가 신랑의 집에서 일한 대가를 재물로 받았다. 이렇게 신랑 집에 미리 들어가는 신부를 '민며느리'라고 불렀다.

민며느리는 '며느리를 삼으려고 민머리(쪽 지지 않은 머리)인 채로 데려와 기른 계집아이'를 말해. 쪽은 시집 간 여자가 머리를 틀어 올려 비녀를 꽂은 것을 말하지.

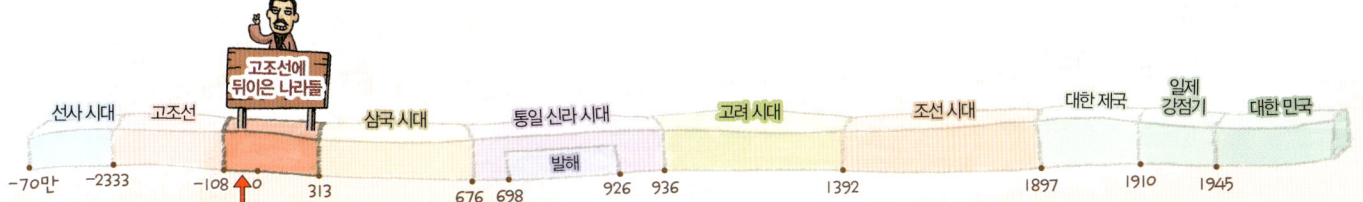

기원전 100년 무렵 옥저에서는 온 가족을 한곳에 장사 지내다

옥저에서는 결혼 풍습뿐 아니라 장례 풍습도 독특했다. 길이가 10미터쯤 되는 커다란 나무 관 한쪽에 문을 만들고,

사람이 죽으면 임시로 다른 곳에 묻어 두었다가, 시간이 지나 뼈만 남으면 그 뼈를 나무 관 안에 넣었다.

가족을 모두 이런 방법으로 한 나무 관 안에 장사 지냈다. 커다란 나무 관이 가족 공동묘인 셈이었다. 이것을 '골장제'라고 한다.

나무 관에 사람들이 살았을 때의 모습을 나무로 조각해 넣고, 문 앞에는 죽은 사람에게 줄 양식으로 곡식을 담은 토기를 매달아 두었다.

기원전 100년 무렵 동예에서 무천이라는 제천 의식을 치르다

동예는 기원전 300년 무렵부터 한반도의 동해안 일대에 자리 잡고 있던 부족 사회였다. 동예의 영토는 지금의 강원도 강릉 일대로 짐작한다.

동예 사람들은 농업을 주로 했고 별자리를 관측해 그해 농사의 풍년과 흉년을 예측했다. 특히 명주와 삼베를 짜는 방직 기술이 발달했다.

매년 10월에 하늘에 제사를 지내고 밤낮으로 음식과 술을 먹고 마시며 춤을 추던 제천 의식을 벌였는데, 이를 '무천'이라고 한다.

또한 같은 부족의 사람끼리는 결혼을 하지 않는 풍습이 있어서 자연스럽게 다른 부족과 교류할 수 있었다.

기원전 100년 무렵 삼한에서 귀틀집을 만들어 생활하다

삼한 사람들은 주로 움집이나 귀틀집을 짓고 살았다. 평지에는 움집이 많았고 산지에는 귀틀집이 많았다.

중국의 역사책 《삼국지》에는 '귀틀집은 나무를 옆으로 쌓아 올려 지은 집으로, 그 모양은 감옥을 닮았다'라고 적혀 있다.

큰 통나무를 '井'자 모양으로 모서리를 맞춰 층층이 얹고, 그 틈을 흙으로 메운 뒤

판판하게 깎은 나무 조각이나 나무의 두꺼운 껍질 등으로 지붕을 만들어 덮으면 귀틀집이 완성되었다.

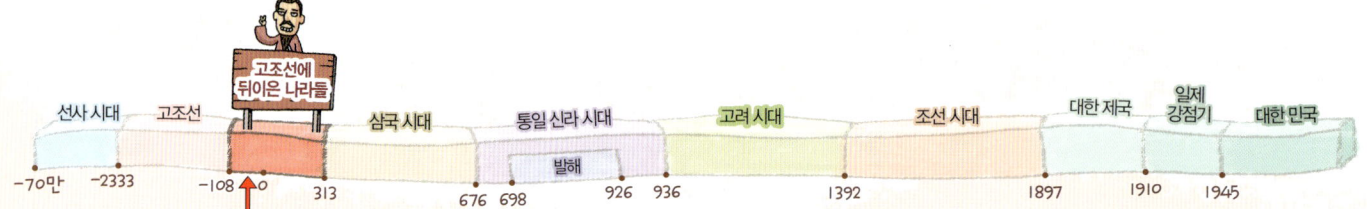

기원전 100년 무렵, 삼한에서 저수지를 만들어 농사에 이용하다

고조선 때부터 한반도 남쪽에 살고 있던 한(韓)족이 기원전 100년 무렵에 마한·진한·변한이라는 연맹 국가로 나뉘어 발전하고 있었다.
이들 세 나라를 합쳐 '삼한'이라고 부른다.
삼한은 평야가 많은 지역으로 벼농사를 일찍이 시작했고 철기 문화를 받아들여 철제 농기구를 만들어 사용했다. 또한 저수지를 만들어 농업을 더욱 발달시켰는데, 김제의 벽골제, 밀양의 수산제, 제천의 의림제 등이 삼한 때부터 만들어져 이용하던 저수지로 짐작하고 있다.

경상남도 창원시 다호리에서 기원전 100년 무렵의 삼한 시대의 무덤을 발굴했어. 그때 발굴된 참나무로 만든 목관(통나무를 반으로 잘라 내부를 파서 그 안에 시신을 넣은 관)에서 철광석과 쇠망치, 철제 농기구 등이 발견되었지.

기원전 100년~기원전 1년 마한에서 5월과 10월에 제천 의식을 치르다

삼한 중에서 마한은 지금의 충청도, 전라도, 경기도 지역의 54개 소국(작은 나라)이 모여 이룬 나라이다.

마한을 비롯한 삼한의 소국에는 '소도'라는 신성한 지역이 있었다.

소도마다 '천군'이라는 제사장이 있었다.
마한에서는 천군의 주관으로 해마다 씨뿌리기가 끝나는 5월에 풍년을 기원하는 제천 의식을 치렀다.

제사가 끝나면 사람들이 모여 노래와 춤을 추며 밤낮으로 즐겁게 놀았다. 추수를 끝낸 10월에도 역시 제천 의식을 치렀다.

기원전 100년 ~ 기원전 1년   변한·진한에서 철을 생산하여 일본에 수출하다

삼한 중에서 변한은 지금의 낙동강 서쪽의 경상도, 전라도 지역의 12개 소국이 모여 이룬 나라이다.

진한은 낙동강 동쪽의 경상북도, 충청북도, 강원도 지역의 12개 소국이 모여 이룬 나라이다.

변한과 진한은 농업과 양잠을 주요 산업으로 삼았고, 철을 많이 생산해 화폐처럼 사용했다. 철을 중국의 낙랑과 일본 등 주변 국가에 수출했다.

또한 마한과 진한의 일본과 가까운 지역에서는 문신을 하는 풍속이 있었다.

기원전 41년   신라의 혁거세가 6부를 돌아 다니며 뽕나무 농사를 권장하다

기원전 57년 진한의 6개 부족이 모여 이룬 나라인 사로국에서 나라를 다스릴 왕을 세웠다.

왕의 성은 박, 이름은 혁거세였다. 박혁거세는 알영이라는 여자를 왕비로 맞이했고, 나라의 이름을 '서라벌'이라고 새로 지었다.

사로국은 진한의 소국 중에 가장 큰 세력을 지닌 부족으로 지금의 경주 지역에 있던 작은 나라였다.

기원전 41년, 박혁거세는 알영과 함께 6부를 돌아다니며 백성의 생활을 살피고 뽕나무 농사를 권장했다.

기원전 17년   고구려의 유리왕이 〈황조가〉라는 노래를 짓다

고구려를 세운 주몽이 죽자 기원전 19년에 태자인 유리가 고구려의 왕위를 이었다. 유리왕은 기원전 17년에 왕비인 송씨가 죽자, '화희'와 '치희'라는 두 여인을 다시 아내로 맞이했다.

유리왕이 사냥을 가 궁궐을 비운 사이, 치희가 화희와 싸우고 화가 난 치희가 고향인 한(漢)나라로 돌아갔다.

유리왕은 치희에게 돌아오라고 소식을 전했지만 끝내 돌아오지 않자, 슬픔에 빠져 지냈다. 그러던 중 짝을 지어 날아가는 꾀꼬리를 보고 〈황조가〉라는 노래를 지었다.

펄펄 나는 저 꾀꼬리 암수 서로 노니는데 외로운 이내 몸은 뉘와 함께 돌아갈꼬

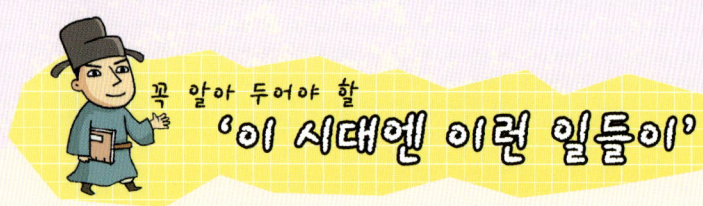

꼭 알아 두어야 할 '이 시대엔 이런 일들이'

기원전 69년

사로국에 박혁거세가 태어났다.

기원전 58년

동부여에서 주몽이 태어났다.

기원전 57년

박혁거세가 사로국의 왕이 되어 나라 이름을 서라벌로 정했다.

기원전 37년

부여에서 살던 주몽이 졸본 지역에 나라를 세우고 나라 이름을 고구려라고 정했다.

기원전 28년

고구려가 부위염 장군의 활약으로 북옥저를 병합했다.

기원전 27년

사로국 왕자 천일창이 왜국으로 건너가 왜국에 제철 기술을 전해 주었다.

기원전 18년

고구려에서 살던 온조가 남쪽으로 내려와 백제를 세웠다.

기원전 5년

백제를 세운 온조가 도읍지인 위례성을 한강의 남쪽인 한산으로 옮겼다.

고조선에 뒤이어 일어난 나라들 2

1~100년

고조선이 멸망한 뒤에 한반도에 등장한 나라 중에 고구려, 백제, 신라가 주변 부족 국가들과 세력 다툼을 벌이며 세력을 키워 고대 국가의 모습을 갖추어 갔다. 백성의 생활을 위해 사회 제도를 마련했고, 이와 함께 기술과 문화가 발달했다.

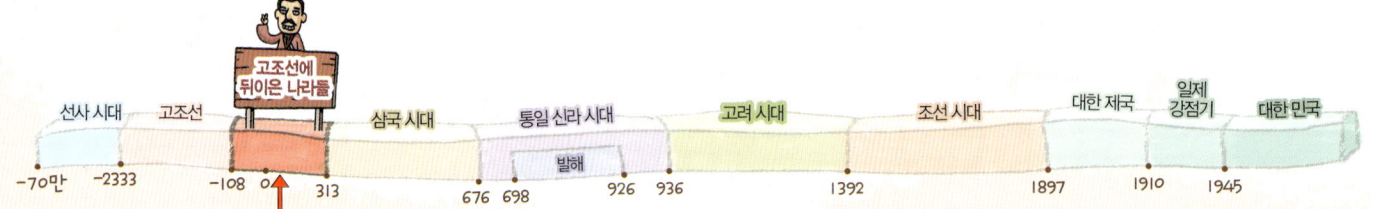

기원전 후 무렵 고구려에서 동맹이라는 제천 의식을 치르다

고구려에서는 매년 10월에 모든 부족이 한 자리에 모여

나라를 세운 주몽과 주몽을 낳은 유화 부인에게 제사를 지내고,

풍년을 기원하고, 곡식을 풍성하게 거두어들이게 한 하늘에 감사하는 의식을 치렀다.

또한 제사를 지내고 마을마다 밤에 남녀가 모여 서로 노래를 부르고 놀이를 즐겼다. 이를 '동맹'이라고 한다.

기원전 후 무렵 고구려에서 데릴사위라는 결혼 풍속을 행하다

고구려에서는 남자가 결혼을 한 뒤에 일정 기간 신부의 집에서 살다가 나중에 자신의 집으로 돌아와 사는 독특한 결혼 풍습이 있었다.
신부의 집에서는 서옥이라는 작은 집을 지어 딸과 사위를 살게 하고, 자식을 낳아 기른 뒤에야 남자의 집으로 가게 했다.

데릴사위 제도는 노동력이 중요했던 고구려에서 신부가 결혼한 뒤 갑자기 집을 떠나 일손이 부족해지는 것을 막기 위해서였다.

28년 신라에서 〈도솔가〉를 부르다

《삼국사기》에 의하면 신라의 제3대 왕이었던 유리 이사금이 나라 안을 두루 돌아다니다가 굶주린 채 얼어 죽어가는 노인을 발견했다고 한다.

이 모든 것이 내가 나라를 잘못 다스린 탓이다. 지금부터 굶주리고 병든 백성을 구제하는 데 힘써야겠구나!

그때부터 유리 이사금은 가난한 백성을 구제하는 데 힘썼고 그해부터 백성이 잘 살게 되었다. 이 소문을 듣고 이웃나라의 백성까지 신라에 모여들었고,

왕을 칭송하는 〈도솔가〉라는 노래를 지어 불렀다고 한다. 〈도솔가〉는 현재 기록만 남아 있을 뿐 지은이와 가사는 전하지 않는다.

《삼국유사》에 의하면 이 무렵에는 철제로 쟁기와 보습을 만들어 농업을 발전시키고, 수레를 운송 수단으로 이용했다.

그리고 장빙고라는 얼음을 보관하는 창고가 있었다. 이때부터 빙고라는 얼음 창고를 만들고 얼음을 보관해서 먹을 정도로 문화가 크게 발전했음을 짐작할 수 있다.

32년 신라에서 가배라는 잔치를 벌이고 〈회소곡〉을 부르다

유리 이사금은 6부의 이름을 고치고 6부 사람에게 성(姓)을 주었으며, 6부 여자들을 두 편으로 나누어 길쌈 대회를 벌였다.

궁중에서는 음력 7월 16일부터 8월 14일까지 왕녀 둘이 각각 시녀를 한 명씩 거느리고 옷감을 누가 더 많이 짜는지 승부를 가렸다.

진 쪽에서는 다음날인 8월 15일(음력)에 술과 음식을 마련해 이긴 쪽에게 베풀었다. 이때 즐긴 춤과 노래, 놀이를 '가배'라고 했다.

진 쪽의 한 여자가 춤을 추면서 "회소! 회소!"라고 했는데, 뒷날 사람들이 그 소리를 따라 노래를 지어 〈회소곡〉이라 불렀다.

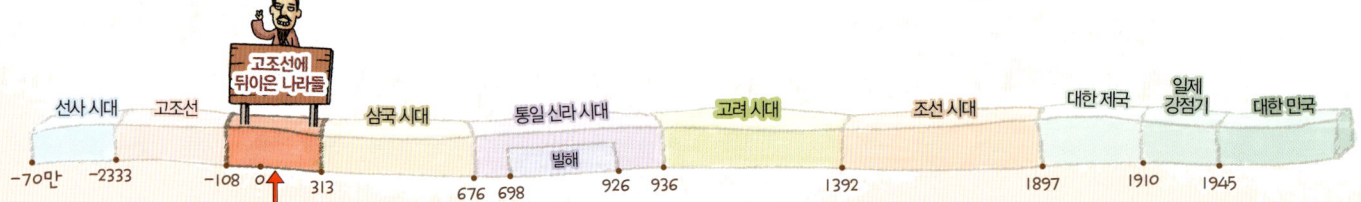

38년 백제에서 금주령을 내리다

백제를 세운 온조왕이 죽자 그의 맏아들이 왕위를 이어 백제의 제2대 왕인 다루왕이 되었다.

다루왕은 남부 지역의 벼농사를 크게 장려했다. 그런데 38년에 전국에 흉년이 들자,

흉년이 들어 온 나라에 곡식이 부족한데, 귀한 곡식을 술을 빚는 데 쓸 수는 없지.

술 담그는 것을 금지했다. 또한 전국을 돌아다니며 나라 곳곳의 형편을 헤아렸다.

난 어찌 살라고!

42년 〈구지가〉를 부르며 가야를 세우다

변한의 소국 중에 가야 또는 가락(또는 구야국)으로 불리는 소국이 있었다. 《삼국유사》에 따르면 42년 가락국에 왕이 없어 9명의 족장이 백성을 다스리던 때 족장들이 모든 백성을 김해의 구지봉이라는 곳에 모아 놓고 이런 노래를 합창하게 했다.
"거북아, 거북아, 머리를 내놓아라. 만약에 내놓지 않으면 구워 먹으리."
300여 명의 백성이 춤을 추며 노래를 부르니 하늘에서 붉은 보자기에 싸인 금빛 그릇이 내려왔는데, 그곳에 황금색 알이 6개가 있었다. 그 알에서 남자아이가 차례로 태어났는데, 그중 가장 먼저 태어난 아이의 이름을 '수로'라 했다. 이때 백성이 합창한 노래가 바로 〈구지가〉이며 수로와 5명의 인물은 각각 가야 지역의 왕이 되었다고 한다. 가야는 지금의 낙동강 하류 지역이다.

45년 고구려의 민중왕이 창고를 열어 백성을 구하다

44년 고구려의 대무신왕이 죽자 왕위를 이을 태자 해우의 나이가 어려, 대신 민중왕이 왕위에 올라 고구려 제4대 왕이 되었다.

민중왕은 대무신왕의 동생.

민중왕은 수많은 죄인을 풀어 주는 대사면령을 내렸다.

죄수들의 죄를 용서해 주는 너그러움을 보여서 백성의 인심을 얻고,

다음 해인 45년에는 궁궐에서 큰 잔치를 베풀었으며

신하들을 위한 잔치를 베풀어 신하들에게도 점수를 좀 따야지.

동쪽 지방에 홍수가 나서 백성이 굶주리자 나라의 창고를 열어 가난한 백성을 도와주었다.

민중왕 멋쟁이!

32

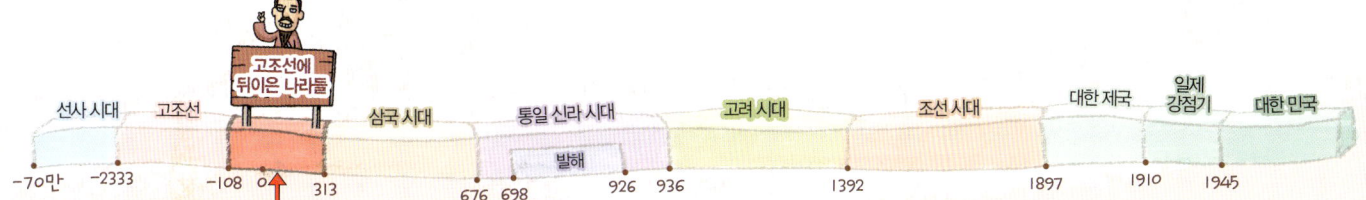

48년 가야에서 파사 석탑을 세우다

가야를 세운 수로왕의 아내, 허황옥은 서역 지방 아유타국의 공주였다가,

가야에 와서 가야국의 왕비가 되었다. 허황옥은 가야에 올 때 배에 '파사 석탑'을 싣고 왔다.

파사 석탑은 김해시에 있는 허황후의 묘 옆에 훼손된 상태로 남아 있다.

학자들은 아유타국을 지금의 인도의 도시 '아요디아' 또는 '태국', 중국의 쓰촨 성 유역의 '보주' 중 한 곳으로 짐작하고 있다.

50년 무렵 고구려에서 천문도를 새기다

1392년, 이성계가 조선을 건국한 해에 오래전 평양성의 돌에 새겨진 천문도를 인쇄해 나라에 바친 사람이 있었다.

관상감에서는 천문도를 당시에 맞게 측정해 〈천상열차분야지도〉라는 별자리 지도를 완성했다.

현대 천문학자들은 이성계 때 수정되기 이전의 별자리의 관측 연대를 짐작했는데,

별자리를 관측한 장소는 고구려의 옛 영토였던 북위 40도 이하 지역! 〈천상열차분야지도〉 원본은 지금으로부터 무려 2000년 전에 고구려에서 제작된 것임을 알아냈다.

81년 신라의 파사 이사금이 민생을 살피고 병기를 정비하다

80년에 신라의 제5대 왕이 된 파사이사금은 다음 해에 지방을 돌며 백성의 노고를 위로하고,

교수형이나 참수형에 해당하는 무거운 죄를 지은 사람을 제외하고 모두 감옥에서 풀어 주었다.

지금 창고는 텅 비어 있고 병기는 녹슬고 있다. 만약 변방에 사고가 생기면 어찌할 것인가?

82년에 파사 이사금은 담당 관청에게 농사와 누에치기를 권장하게 하고 병기를 단련해 뜻밖의 일에 대비하라고 명령했다.

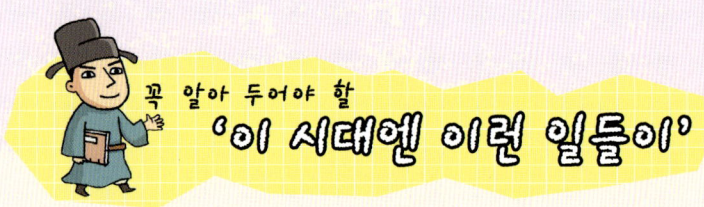

꼭 알아 두어야 할 '이 시대엔 이런 일들이'

3년
고구려가 세력을 키워 도읍지를 졸본성에서 국내성으로 옮겼다.

8년
백제의 온조왕이 군사를 동원해 마한을 공격하고 남쪽으로 세력을 넓혔다.

22년
고구려의 대무신왕이 동부여를 공격해 대소왕을 죽이고 동부여의 세력을 약화시켰다.

26년
고구려가 개마국을 공격해 멸망시키고 개마국을 고구려의 영토로 삼았다.

53년
고구려의 모본왕이 신하에게 살해당하고 계루부 출신의 태조왕이 왕위에 올랐다.

65년
신라의 탈해 이사금이 나라 이름을 '계림'이라 짓고, 나라를 주와 군으로 나눈 뒤, 주에는 '주주', 군에 '군주'라는 관직을 배치했다.

77년
가야가 세력을 키워 신라와 황산진에서 전투를 벌였다.

고조선에 뒤이어 일어난 나라들 3

100~200년

고구려, 백제, 신라가 고대 국가의 모습을 갖추어 나가며 도읍지를 중심으로 성을 쌓고 궁궐을 지었다. 농사를 위해 천문 관측에 힘썼으며, 제방을 쌓고 개간을 통해 농사지을 땅을 넓히기도 했다. 가난한 백성을 위해 구체적인 사회 제도를 마련했으며 일본과 교류를 하기도 했다.

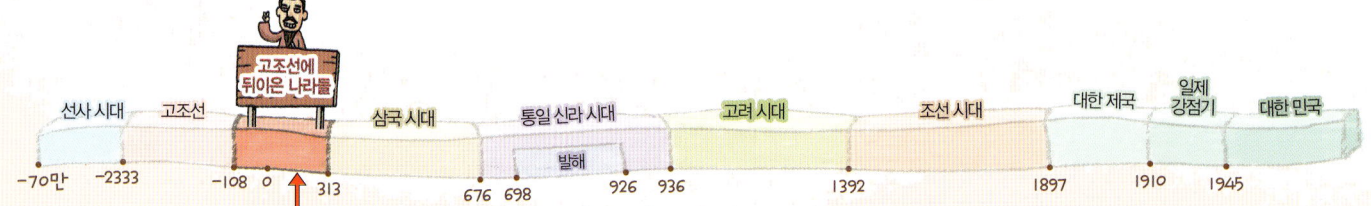

101년 신라가 월성을 쌓고 궁궐을 옮기다

신라의 파사 이사금은 궁궐을 옮겨서 새로 짓고 궁궐을 둘러싼 성벽 또한 새로 쌓기로 했다.

성의 지형이 달을 닮아 '월성'이라는 이름을 붙였다. 그 뒤로 월성은 신라 역대 왕들의 궁궐이 자리한 곳이 되었다.

《삼국사기》에 둘레가 1023보이며, 자연적인 언덕 위에 반월형(반달 모양)으로 흙과 돌을 섞어 쌓았다고 기록되어 있다.

월성이 있는 곳은 지금의 경상북도 경주시 인왕동이다.

114년 고구려에서 일식 관측을 하다

고구려의 태조왕과 신하들은 114년 봄과 124년 가을에 해가 달에 가리는 일식 현상을 관측했고, 천문 현상을 관측하는 관리인 일자는 일식에 대해 자세히 기록을 해 두었다. 고대 사회에서 일식이나 별의 움직임을 관측하는 관직을 따로 둔 것은 천문 지식이 농업과 정치에 매우 중요한 일이었기 때문이다.
신라는 기원전 54년부터, 백제는 기원전 13년부터 일식을 관측했다는 기록이 있다.

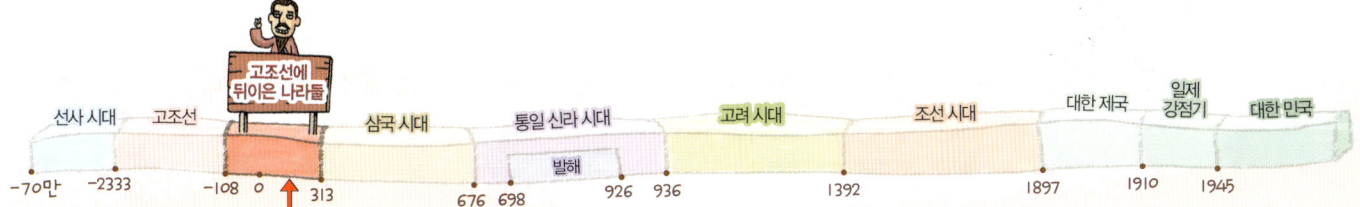

121년 신라가 대증산성을 쌓다

115년에 가야가 신라 남쪽의 국경 지대를 공격하자 신라의 제6대 왕, 지마 이사금이 직접 가야 정벌에 나섰다.

하지만 가야군의 거센 저항으로 별다른 성과를 거두지 못하고 돌아온 뒤 121년에 가야군에 대항하여 대증산성을 쌓았다.

그러나 일부 학자들은 이것이 《삼국사기》의 단편적인 기록일 뿐 신라가 부산에 진출한 때는 400년대라고 짐작하고 있다.

132년 백제가 북한산성을 쌓다

백제의 제4대 왕인 개루왕은 132년에 도읍지인 하남 위례성에 북한산성을 쌓았다.

북한산성은 지금의 경기도 고양시 덕양구 북한동에 있다.

북한산성은 고구려의 남진을 막았고, 백제가 북쪽으로 영토를 넓히는 데 군사적으로 중요한 요새가 되었다.

144년 신라가 민간에서 금, 은, 구슬, 옥을 사용하는 것을 금지하다

144년, 신라의 제7대 왕, 일성 이사금은 지방의 모든 주와 군에 제방을 수리하고 보완하여 밭과 들을 널리 개간하도록 명령했다.

또한 외적의 침입과 가뭄으로 나라의 형편이 어려워지자, 민간에서 금, 은, 구슬, 옥을 사용하지 못하게 했다.

다음 해에는 남쪽 지방에서 굶주리는 백성이 많이 늘어나자 나라의 식량을 나누어 주었다.

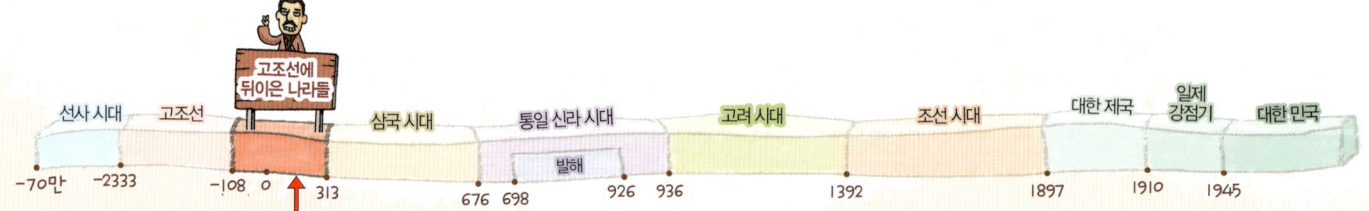

157년 〈연오랑과 세오녀〉 설화가 전해지다

<연오랑과 세오녀>는 고려 초에 박인량이 지은 《수이전》에 실렸던 설화로 지금은 《삼국유사》와 《필원잡기》에 수록되어 전한다.

연오랑과 세오녀는 신라의 동해에 살던 부부였다. 157년 어느 날 미역을 따기 위해 연오랑이 서 있던 바위가 움직여 일본에 닿았고, 연오랑은 일본에 가서 왕이 되었다.

남편을 찾아 나선 세오녀도 움직이는 바위에 실려 일본에 갔다. 그리고 연오랑을 만나 왕비가 되었다. 그러자 그때 신라에서는 돌연 해와 달이 빛을 잃었다.

신라의 왕이 연오랑과 세오녀가 있는 곳으로 사신을 보냈으나, 연오랑은 모든 것이 하늘의 뜻이라 돌아갈 수 없다 하며 비단을 건넸다.

사신이 신라에 돌아와 왕에게 이를 아뢰자, 신라 왕은 연오랑의 말대로 세오녀가 짠 비단으로 하늘에 제사를 지냈다.

그러자 해와 달이 다시 밝아졌다고 한다. 이때 하늘에 제사를 지낸 곳은 영일현으로 지금의 경상북도 포항시의 영일만이다.

158년 신라가 죽령로를 개통하고 일본과 교류하다

영토가 한반도 동쪽에 치우친 신라는 북쪽과 서쪽으로 세력을 넓히기 위해 여러 길을 개척했다.

《삼국사기》에 의하면 아달라 이사금 때에 죽령에 길을 개척했는데,

죽령은 소백산맥의 등줄기에 위치한 고개로, 매우 중요한 교통의 요지였다.

또한 이때에 신라는 일본과 교류했다고 한다.

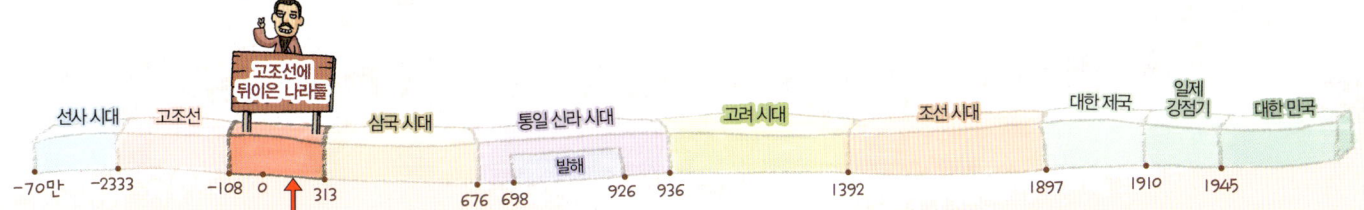

194년 고구려에서 진대법을 실시하여 가난한 사람들을 돕다

194년 10월 고구려의 고국천왕이 질양이라는 곳에서 사냥을 하다가 어떤 사람이 길가에 앉아 울고 있는 것을 보았다. 왕이 왜 우냐고 묻자 그 사람은 이렇게 대답했다.
"저는 가난하여 품팔이로 어머니를 봉양하고 있습니다. 그런데 올해는 흉년이라 농사가 안 되어 품팔이조차 할 수 없습니다."
그러자 고국천왕은 백성의 어려움을 자신의 탓으로 돌리고 그 사람에게 옷과 양식을 주었다. 이어 전국의 모든 관리에게 홀아비와 과부, 고아, 병든 노인, 가난한 사람을 찾아 옷과 양식을 나누어 주게 했다. 그때 국상 을파소는 고국천왕에게 이렇게 건의했다.

고국천왕은 을파소의 건의를 받아들여 이 제도를 시행했는데, 이것을 '진대법'이라고 한다. 진대법의 '진'은 흉년에 굶주리는 백성에게 곡식을 나누어 주는 것을 뜻하고, '대'는 봄에 양곡을 대여하고 가을에 추수한 뒤 거둬들인다는 뜻이다.

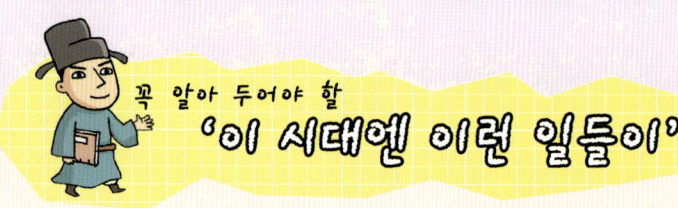

꼭 알아 두어야 할 '이 시대엔 이런 일들이'

102년
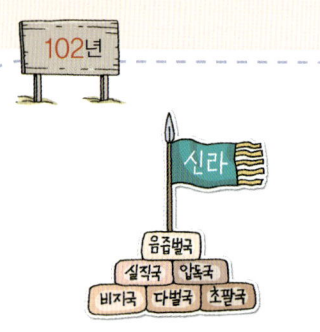
신라는 주변에 있던 소국인 음즙벌국, 실직국, 압독국을 합병하고, 108년에 비지국, 다벌국, 초팔국을 합병했다.

121년

후한이 고구려를 침략했다. 그러나 태조왕이 이끄는 고구려군이 이를 막아 냈다.

138년

신라가 금성에 '정사당'을 설치해 그곳에서 임금과 신하들이 나랏일을 의논했다.

165년

신라의 반역자 아찬 길선이 백제로 도망쳤다. 길선을 돌려보내라는 신라의 요구를 백제에서 무시하자, 신라가 백제 원정에 나섰다.

166년

고구려의 신대왕이 국상에 '명림답부'를 임명했다. 왕은 국상을 통해 귀족을 통제하고, 귀족은 국상을 통해 왕을 견제했다.

172년

고구려의 국상 명림답부가 청야전술로 후한의 군사들을 물리쳤다. 청야전술은 적이 사용할 물자나 식량을 모두 없애 적을 지치게 하는 전술이다.

197년

고구려의 왕위 계승 방식이 형제 상속에서 부자 상속으로 바뀌었다.

고조선에 뒤이어 일어난 나라들 4

201~300년

고구려, 백제, 신라는 새로운 행정 제도를 마련하며 고대 국가의 모습을 갖추어 나갔다. 나라를 다스리는 왕은 왕권을 더욱 강화하기 위해 도읍지를 옮기거나 궁궐을 새로 지었으며 관원들이 입는 관복의 색깔을 품계에 따라 구분했다.

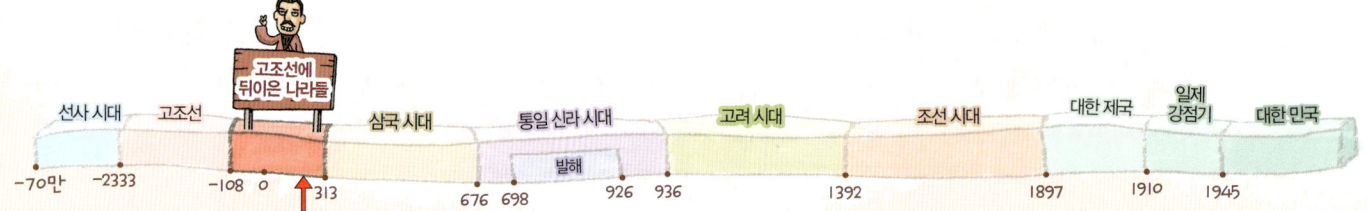

209년 고구려가 도읍지를 국내성에서 환도성으로 옮기다

고구려가 209년에 도읍지를 국내성에서 환도성으로 옮겼다. 이에 대한 이야기가 《삼국사기》에 전한다.

고구려 제10대 왕이 된 산상왕과 왕비 우씨 사이에는 자식이 생기지 않았다. 그러던 중 208년에 나라의 제사에 쓸 돼지가 '주통촌'이라는 곳으로 달아나는 사건이 벌어졌고, 주통촌의 '후녀'라는 처녀가 돼지를 잡아 관원에게 주었다. 이 이야기를 들은 산상왕은 주통촌으로 가서 후녀를 만나 사랑에 빠졌고, 1년 뒤 후녀는 산상왕의 아들을 낳았다.

후녀가 낳은 아들이 고구려 제11대 왕 동천왕이며, 산상왕은 후녀가 아들을 낳은 그해에 나라의 도읍지를 국내성에서 환도성으로 옮겼다.

국내성은 평상시에 거주하는 평지성이고, 환도성은 국내성 가까이에 쌓은 방어용 성으로 전시에 사용하는 산성이었다.

238년 백제에서 새해에 제사를 지내다

백제의 고이왕은 238년 1월(음력)에 북과 피리를 사용해 하늘에 제사를 지냈다.

243년 1월에는 큰 제단을 설치해 하늘과 산천에 제사를 드렸으며, 287년 1월에는 책계왕이 시조 동명왕 사당에 제사를 올렸다.

한편 중국의 《수서》를 비롯한 역사책에는 1월 1일 신라의 왕과 신하가 연회를 갖고 해와 달의 신에게 절을 하며 예를 갖추었다고 기록되어 있다.

이때 이미 지금의 설날과 비슷한 풍속이 있었다고 짐작할 수 있다!

247년 고구려가 평양성으로 잠시 도읍지를 옮기다

220년 중국의 한나라(후한)가 멸망하고 중국은 '위', '촉', '오', 세 나라가 힘을 겨루는 삼국 시대를 맞았다.

삼국 중 위나라가 고구려와 분쟁을 벌였다. 242년 고구려 동천왕이 중국과 낙랑군을 연결하는 교통 중심지인 서안평을 공격했다.

이에 대한 보복으로 위나라의 장군 관구검이 군사를 이끌고 고구려의 환도성을 점령했다. 동천왕은 북옥저로 피신했다.

결국 고구려는 위나라를 몰아냈지만 환도성은 쑥대밭이 되었다. 동천왕은 평양성을 쌓아 임시 도읍지로 삼았다.

이때의 평양성은 지금의 평양이 아니라 환도성에서 가까운 지역으로 짐작하고 있을 뿐 구체적인 장소는 알 수가 없어.

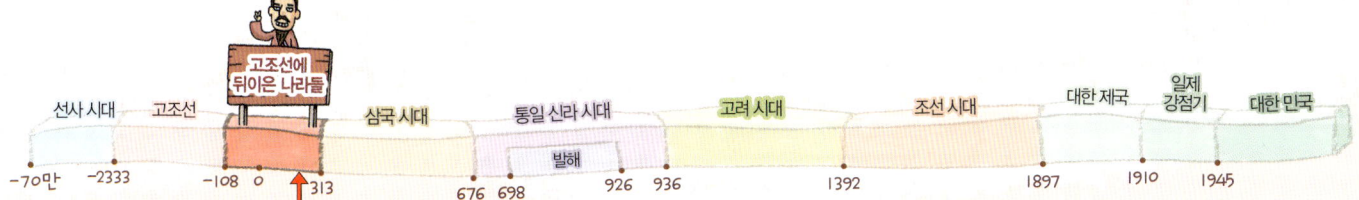

260년 백제의 신하들이 품계에 따라 관복을 입다

백제는 고이왕 때 행정 조직을 정비하고 관원들의 품계를 총 16등급으로 나눈 뒤 관복의 색깔을 품계에 따라 구분했다.

6품 이상의 관원은 자주색 관복을 입고 은색 꽃 장식이 달린 관을 썼다.

11품 이상의 관원은 다홍색 관복을 입었다.

16품 이상의 관원은 푸른색 관복을 입었다.

261년 백제 왕이 화려한 옷차림으로 궁궐에서 정사를 보다

《삼국사기》에는 261년 1월 1일 백제의 고이왕이 남당에서

대신들로부터 정사를 들었다는 기록이 남아 있다. 이때 고이왕은

소매가 큰 자주색 두루마기에 푸른색 비단 바지를 입고,

금꽃으로 장식한 검은 비단 관을 쓰고, 흰 가죽 띠를 두르고, 가죽신을 신었다고 한다.

262년 백제에서 부정부패를 저지르는 관리를 엄격히 처벌하다

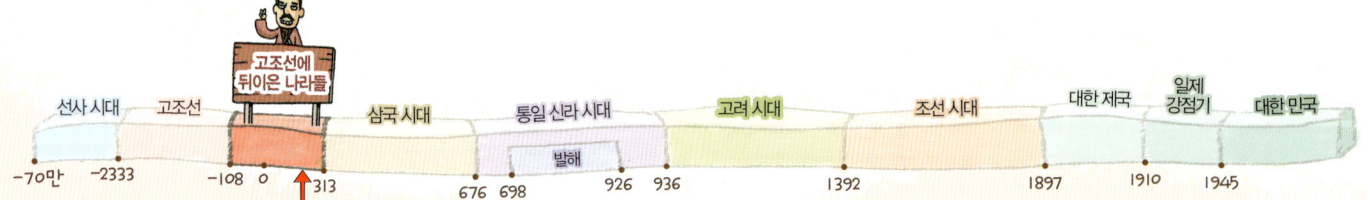

268년 신라의 미추 이사금이 각 지방 백성의 소리를 듣다

276년 미추 이사금이 새로 궁궐을 짓자는 신하들의 의견을 거절하다

286년 백제에서 위례성을 수리하고 아차성과 사성을 쌓다.

※ 대방 : 한강 이북 경기도 지방과 자비령 이남 황해도 지방을 일컫는 이름으로, 238년 위에 예속되었다가 313년 고구려의 영토가 되었다.

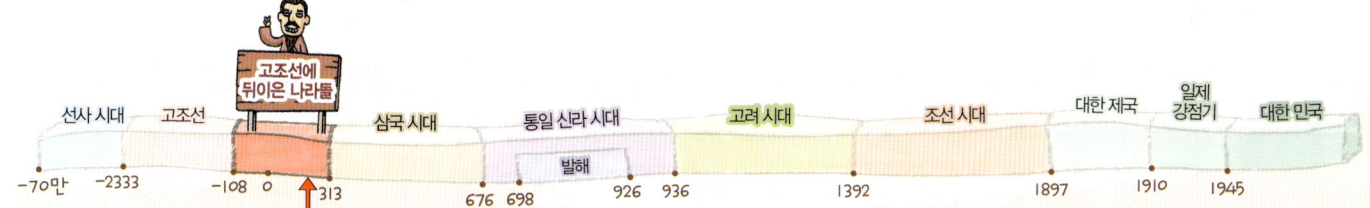

296년 고구려의 서천왕릉이 도굴되다

285년에 중국 북부의 유목 민족인 선비족의 모용외가 연나라를 세웠다. 모용외는 293년에 이어 296년 8월에 군대를 이끌고 고구려를 침입했다. 모용외는 고국원에 도착해 고구려 제13대 왕인 서천왕의 무덤을 발견하고 무덤을 파도록 지시했다. 그때 무덤을 파던 사람들이 갑자기 죽고 무덤 안에서 음악이 울려 나왔다. 뒤늦게 고구려 군대가 풍악을 울리면서 출동하는 것을 모용외는 무덤에서 음악이 울리는 것으로 착각하고 두려움을 느꼈다. 결국 모용외는 도굴을 멈추고 고구려에서 철수했다.

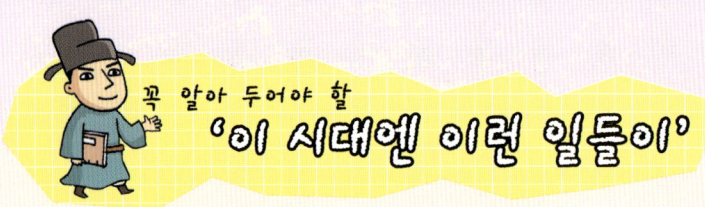

꼭 알아 두어야 할 '이 시대엔 이런 일들이'

204년

한나라의 요동 태수 공손강이 옛 진번 땅에 '대방군'을 설치했다. 지금의 경기도 북부에서 황해도 지역으로 짐작하고 있다.

233년

신라의 석우로 장군이 사도에서 왜구를 물리쳤다.

249년

신라에서 궁궐 남쪽에 남당을 세웠다. '도당'이라고도 하며 왕과 관리가 이곳에서 정사를 의논하고 행정에 관한 일을 처리했다.

285년

중국의 북부에 연나라를 세운 선비족의 모용외가 부여를 공격해 의려왕이 자결했다.

293년

모용외가 고구려를 침략하자 고구려의 장군 고노자가 500명의 기병을 이끌고 이를 물리쳤다.

298년

고구려의 봉상왕은 서리와 우박으로 농사를 망쳐 백성의 생활이 어려운데도 궁궐을 늘려 지었다.

300년

사치와 향락을 일삼던 봉상왕이 다시 궁궐을 늘리기 위해 15세 이상의 남녀를 동원했다. 이에 국상과 신하들이 반란을 일으켜 봉상왕을 왕위에서 쫓아내고 미천왕을 제15대 왕으로 추대하다.

삼국 시대 1

301~400년

고구려는 교육 기관을 세워 인재를 기르고 학문의 발달을 위해 애썼다. 백제는 일본에 앞선 기술과 문화를 전해 주었다. 고구려와 백제는 모두 불교를 받아들이고 불교문화를 발달시키기 시작했다.

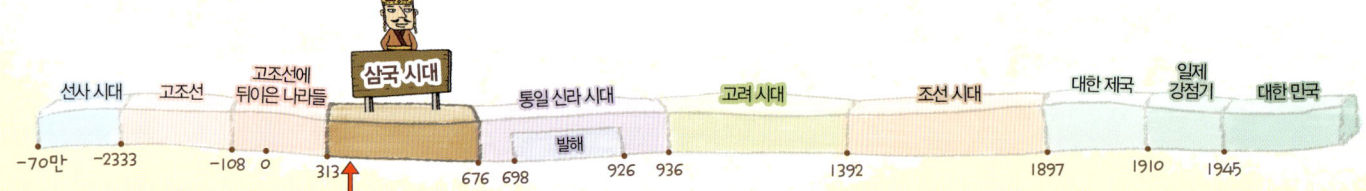

346~374년 무렵 백제에서 칠지도를 만들어 일본에게 하사하다

칠지도는 칼의 몸통 양옆으로 가지 모양의 칼이 3개씩 나와 있어 총 7개의 칼날이 달린 철제 칼이다.

길이는 74.9센티미터. 칼날이 모두 7개의 가지처럼 생겼다고 해서 '칠지도'라고 부르지.

일본의 역사책인 《일본서기》에 '백제가 일본에 칠지도를 하사했다'는 기록이 있으며 현재 일본 나라현 덴리시 이소노카미 신궁에 칠지도가 소장되어 있다.
칠지도의 몸체 양면에는 홈을 파고 금실을 박아 글자를 새겼는데, 그 내용은 칠지도가 백제 근초고왕 때에 만들어졌고, 백제가 일본의 왕에게 하사했다는 것이다.
칠지도를 통해 당시의 역사적 사실과 백제와 일본의 관계를 짐작할 수 있으며 백제의 뛰어난 제철 기술을 엿볼 수 있다.

357년 고구려에서 황해도 안악에 3호무덤을 만들다

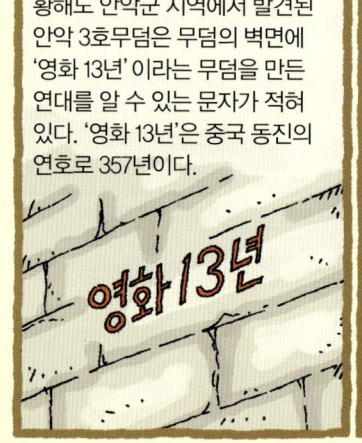

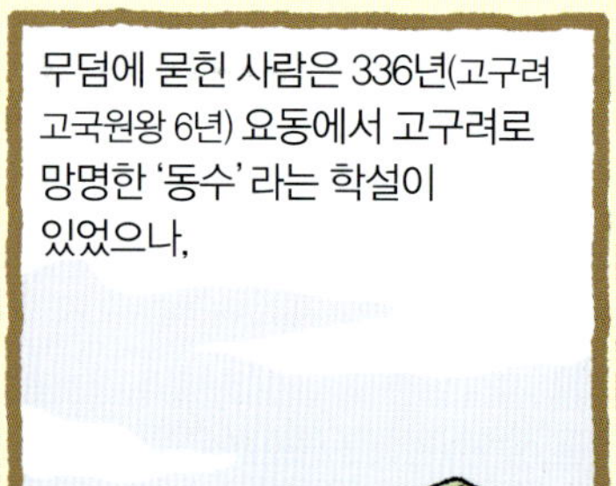

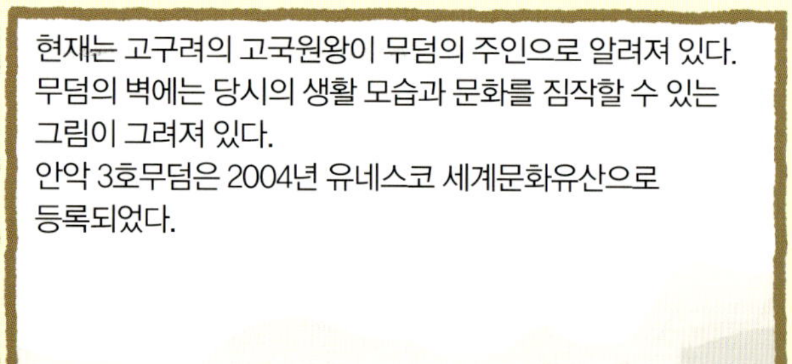

황해도 안악군 지역에서 발견된 안악 3호무덤은 무덤의 벽면에 '영화 13년'이라는 무덤을 만든 연대를 알 수 있는 문자가 적혀 있다. '영화 13년'은 중국 동진의 연호로 357년이다.

무덤에 묻힌 사람은 336년(고구려 고국원왕 6년) 요동에서 고구려로 망명한 '동수'라는 학설이 있었으나,

현재는 고구려의 고국원왕이 무덤의 주인으로 알려져 있다. 무덤의 벽에는 당시의 생활 모습과 문화를 짐작할 수 있는 그림이 그려져 있다.
안악 3호무덤은 2004년 유네스코 세계문화유산으로 등록되었다.

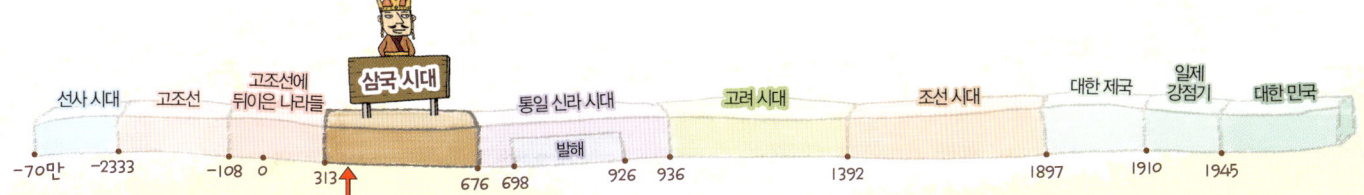

372년 고구려에 불교가 전래되다

300년 무렵부터 중국 대륙에는 5개의 민족이 세운 16개가 넘는 나라가 있는 '5호 16국' 시대로 접어들었다.

이때 가장 융성한 나라는 부견이 세운 전진이었는데, 고구려의 소수림왕은 전진과 교류를 맺었다.

부견은 '순도'라는 승려를 불상, 경전과 함께 고구려에 보냈고, 고구려는 순도를 통해 불교를 받아들였다.

374년에는 소수림왕이 전진의 '아도'라는 승려를 맞아들이고, '초문사'와 '이불란사'라는 절을 지어 불교의 보급에 노력했다.

372년 고구려에 국립 교육 기관인 태학이 설립되다

소수림왕은 도읍지인 국내성에 '태학'이라는 국립 교육 기관을 세워 인재를 길러 냈다.

태학은 아무나 입학할 수 있는 곳이 아니라 중앙 귀족의 자녀들만 들어가는 귀족 학교였다.

태학에서는 유교의 경전인 오경(시경, 서경, 주역, 춘추, 예기)과 역사, 문학, 무술 등을 가르쳤던 것으로 짐작하며

고구려는 도읍지를 평양으로 옮긴 뒤에는 각 지방에 평민층 자녀들을 가르치는 '경당'을 세웠다.

375년 백제에서 박사 고흥이 《서기》를 편찬하다

우리 백제가 국력이나 문화 수준이 고구려보다 앞서는 강대국이 되었으니 자랑스러운 백제의 역사를 문자로 기록해 두어야겠다.

박사 고흥에게 백제에서 전해 오는 신화와 전설을 모아 정리하고 왕실의 계보를 문자로 기록하여 후세에 전하도록 하라!

근초고왕의 명령에 따라 고흥은 《서기》라는 역사책을 375년에 완성하여 편찬했다.

백제에서는 일찍이 여러 전문 분야의 박사가 있었다. 유교의 5가지 경전에 능통한 오경박사, 역학에 관한 역박사, 의술에 관한 의박사 등이 있었다.

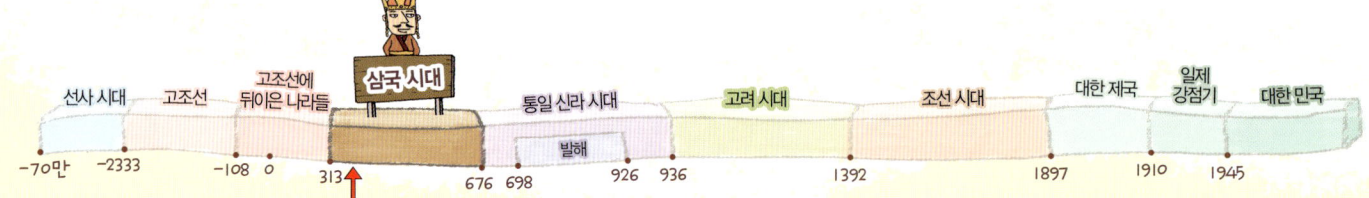

345~375년 무렵 백제의 아직기, 왕인 박사가 일본에 문화를 전하다

백제는 근초고왕 때(345~375년) 최대의 전성기를 맞았다. 이 시기에 왕권이 크게 강화되었고, 강력한 군사력과 경제력을 바탕으로 정복 활동을 활발하게 하여 영토를 넓혔다. 더불어 대방 지역을 점령하고 중국의 동진과 외교 관계를 맺는 등 다양한 외교 활동을 펼쳐나가며 학문과 문화를 발달시켰다. 나아가 일본과 교류하며 일본에 수준 높은 문화를 전해 주었다. 일본의 역사책인 《고사기》에 따르면 이 시기에 백제는 아직기와 왕인 박사를 일본에 보내 《천자문》과 《논어》를 전해 줌으로써 일본의 학문과 고대 문화가 발달하는 데 큰 도움을 주었다. 왕인 박사는 일본에 건너가 태자의 스승이 되었다고 한다.

※ 《일본서기》에는 아직기와 왕인 박사가 백제 아신왕(392~405년) 때에 일본에 건너간 것으로 기록되어 있다.

384년 백제에 불교가 전해지다

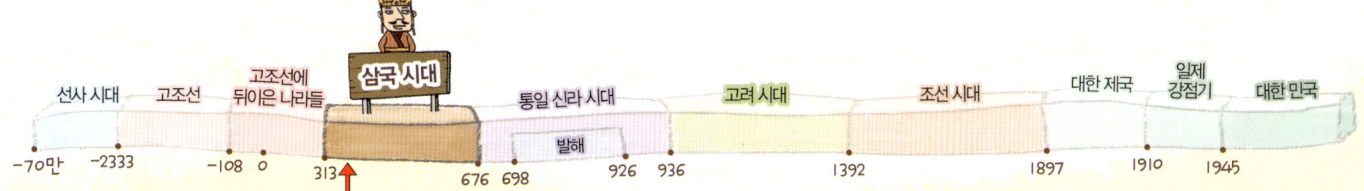

381년 신라에서 한자를 사용하다

381년 신라의 제17대 왕인 내물 마립간은 고구려 사신의 안내를 받아, 신라의 위두를 전진에 보내 전진과 외교 관계를 맺었다.

이는 삼한 중 진한의 작은 나라였던 신라가 성장하여 고대 국가의 모습을 갖추었다는 것을 뜻했다.

이때부터 신라에 중국 문화가 고구려를 거쳐 들어왔으며, 신라에서 한자를 사용하기 시작했다.

393년 평양에 9개의 사찰을 세우다

391년에 고국양왕의 아들인 담덕이 고구려 제19대 왕이 되었다. 그가 바로 고구려의 영토와 세력을 크게 넓힌 광개토왕이다.

광개토왕은 재위 기간 동안 독자적으로 '영락(永樂)'이라는 연호를 사용했다.

또한 역대 왕릉을 보호하기 위해 무덤을 지키는 사람을 두는 '수묘인 제도'를 재정비했다.

393년에는 평양에 9개의 절을 지어 불교를 장려하여 장수왕 때에 평양으로 도읍지를 옮기는 데 발판을 마련했다.

316~419년 무렵 고구려의 왕산악이 거문고를 만들어 연주하다

중국 진나라에서 고구려에 칠현금을 보냈는데, 고구려 사람들은 연주법을 몰랐다. 나라에서는 칠현금을 다룰 수 있는 사람을 찾았다.

당시 제2국상인 왕산악이 이 칠현금을 개량해 새로운 현악기를 만들고 100여 곡을 지어 연주했다. 그러자 검은 학이 날아와 춤을 추었다고 한다.

그리하여 사람들은 왕산악이 만든 악기를 '현학금' 또는 '현금'이라 불렀다. 이 악기가 바로 오늘날의 거문고이다.

357년에 지은 안악 3호무덤이나 400년 무렵에 만든 무용총 벽화에 거문고가 그려져 있다.

꼭 알아 두어야 할 '이 시대엔 이런 일들이'

313년

고구려가 낙랑군을 멸망시키다. 낙랑군은 한사군 중에 가장 마지막까지 남아 있던 곳이었다.

342년

연나라가 고구려의 환도성을 침략하고 미천왕의 묘를 파헤쳐 시신을 가져갔다.

356년

신라에서 왕의 칭호를 이사금에서 마립간으로 바꾸었다.

369년

백제가 마한을 병합했다.

371년

백제의 근초고왕이 고구려 평양성을 공격했다. 또한 대방군의 영토를 점령해 역사상 가장 큰 영토를 차지했다.

373년

고구려의 소수림왕이 율령을 반포하여 국가 통치와 사회 질서 유지를 위한 규범을 갖추었다. '율'은 형법(범죄와 형벌)에 관한 법전, '령'은 행정에 관한 법전이다.

396년

고구려의 광개토왕이 군사를 거느리고 백제를 공격해 한강 너머까지 진격했다. 58성을 차지하고 한강 이북과 예성강 동쪽의 땅을 차지했다.

400년

고구려 광개토왕이 신라 내물 마립간의 부탁을 받아 왜구를 격파하고 신라를 위기에서 구했다.

삼국 시대 2

401~500년

고구려가 국력을 키워 영토를 크게 넓힌 시기였다. 고구려는 영토 확장을 기념하는 거대한 비석을 세웠다. 고구려의 문화 수준이 크게 높아져, 뛰어난 기술과 예술성을 바탕으로 웅장한 무덤과 아름다운 벽화 무덤을 만들었다. 또한 고구려, 신라, 백제, 고대 삼국이 시장을 열어 상품을 유통시켰다.

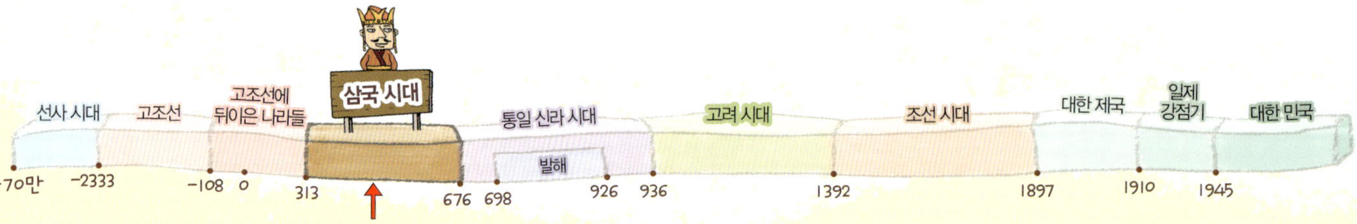

400년 무렵 무용총과 각저총이 만들어지다

고구려의 두 번째 도읍지였던 국내성(만주 지린성 지안현) 주변에는 고구려 때의 무덤들이 많이 남아 있다. 특히 당시의 생활과 풍속을 짐작할 수 있는 벽화 무덤이 많은데, 그중 무용총과 각저총은 광개토왕에서 장수왕으로 이어지던 고구려 전성기 때인 400년 무렵에 지어진 무덤이다. '무용총'은 무덤의 동쪽 벽에 14명의 남녀가 악사의 연주에 맞춰 춤을 추는 그림이 그려져 있어 무용총이라는 이름이 붙었고, '각저총'은 무덤의 동쪽 벽에 씨름을 하는 그림이 그려져 있어 각저(씨름의 한자어)총이란 이름이 붙었다. 무용총에는 무용 그림뿐 아니라 사냥 그림, 무덤 주인이 손님을 맞는 그림 등이 있고, 각저총에도 무덤 주인의 생활 모습 등이 그려져 있다.

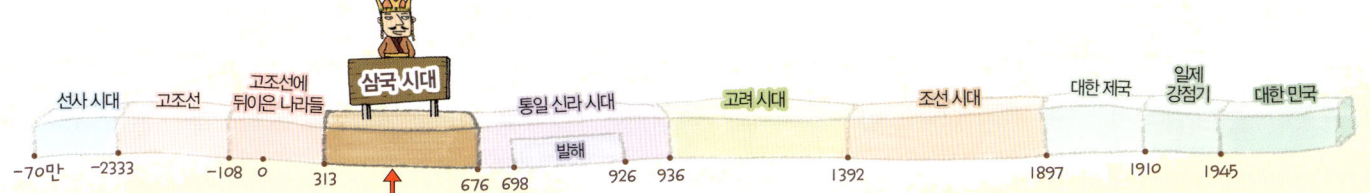

408년 덕흥리 벽화 무덤이 만들어지다

1976년에 평안남도 대안시 덕흥리에서 벽화가 그려진 옛 무덤을 발견했다.

벽화에는 궁술 등 무예를 겨루는 그림과 마굿간과 외양간, 수레, 건물, 연꽃 등 여러 가지 장식 무늬가 그려져 있었다.

무덤은 영락(광개토왕 때 쓰던 연호) 18년(408년)에 지어진 것이며 무덤의 주인은 당시 고구려의 지방 장관인 '진'이라는 사람으로 밝혀졌다.

414년 장수왕이 광개토왕릉비를 국내성에 세우다

광개토왕이 죽자 왕위를 이은 장수왕이 광개토왕의 업적을 기념하는 커다란 비석을 세웠다.

비석이 세워진 위치는 고구려의 도읍지였던 국내성 주변이며 광개토왕의 무덤에서 약 200미터 떨어져 있다.

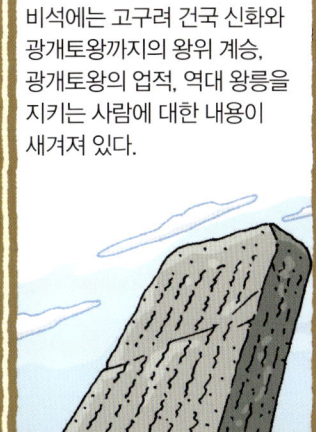

비석에는 고구려 건국 신화와 광개토왕까지의 왕위 계승, 광개토왕의 업적, 역대 왕릉을 지키는 사람에 대한 내용이 새겨져 있다.

또한 고구려가 백제, 신라, 일본을 공격해 무찌르고 신하의 나라로 삼았다는 기록도 있다.

427년 고구려의 수도를 평양으로 옮기고 안학궁과 대성산성을 세우다

도읍지를 남쪽으로 옮기는 것이 좋겠다. 문화가 발전되어 있고, 경제적으로도 풍요로운 평양으로 가자!

국내성에 뿌리내리고 있는 귀족들의 세력을 약하게, 왕의 권한은 강하게 할 속셈도 있지.

장수왕의 결정에 따라 고구려는 지금의 평양 지역에 성을 쌓고 궁궐을 지어 새로운 도읍지로 삼았다.

평양의 대성산 남쪽 기슭에는 궁궐로 사용할 안학궁을, 안학궁 뒤에는 전쟁 때 피할 수 있는 대성산성을 쌓았다. 평지에 세운 안학궁과 산에 쌓은 대성산성이 합쳐서 도읍지를 이루었다.

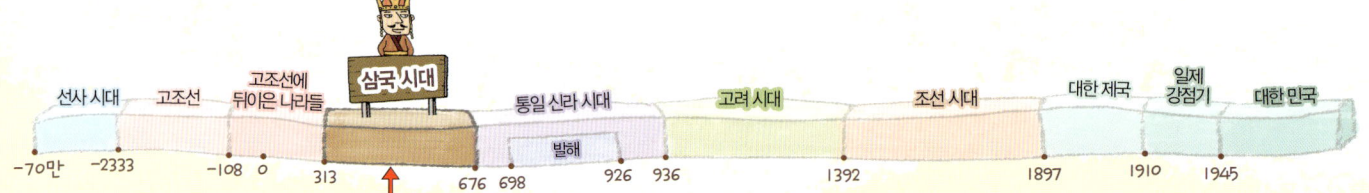

470년 신라에서 삼년산성을 쌓다

신라도 고구려의 공격을 막고 백제를 공격하기에 유리한 지점에 산성을 세웠다. 그곳은 지금의 충청북도 보은군이다.

성은 470년에 완성되었고, 성을 쌓는 데 3년이 걸렸다 하여 '삼년산성'으로 불렀다.

산성의 위치는 경주와 서울을 연결하는 중간 지점이며, 고구려와 백제로 통하는 길목!

성벽의 기초를 돌로 쌓고, 그 안에도 흙이나 모래를 섞지 않고 돌만 채워 매우 견고하게 쌓은 성이다.

또한 10미터가 훨씬 넘는 성벽을 수직에 가깝게 쌓아 적군이 쉽게 공격하지 못하게 만든 산성이다.

475년 백제가 웅진으로 도읍지를 옮기다

고구려의 장수왕은 남쪽으로 영토를 넓히는 정책을 펼쳤다. 백제를 공격하기 위해 승려 도림을 백제에 첩자로 보내 상황을 엿보는 한편,

도림에게 백제의 개로왕을 부추기게 해 궁궐을 짓게 하고 국가의 재정과 백성의 힘을 쓰게 했다. 그런 뒤 475년에 백제를 공격했다.

백제는 수도인 위례성과 한강 유역을 고구려에게 빼앗기고, 개로왕은 고구려 군사에게 임을 당했다.

개로왕의 아들 문주왕은 남쪽으로 내려가 웅진에 새 도읍지를 정하고 도읍지를 방어할 웅진성을 쌓았다. 웅진은 지금의 공주이다.

479년 무렵 신라의 백결 선생이 〈방아악〉을 짓다.

《삼국사기》에 의하면 신라의 제20대 왕인 자비 마립간(458~479년) 때 경주 낭산 기슭에 한 선비가 살고 있었다고 한다. 그 선비는 몹시 가난하여 늘 누덕누덕 기운 누더기 옷을 입고 다녔다.

사람들은 그를 '옷을 백 번을 기워 입었다'는 뜻으로 '백결 선생'이라고 불렀다. 백결 선생은 거문고 타는 것을 좋아해 벼슬을 버리고 가난하게 살았는데,

어느 해가 끝나갈 무렵 집집마다 설을 지내기 위해 떡방아를 찧는데, 백결 선생의 집은 가난하여 떡방아를 찧지 못했다.

그러자 백결 선생은 거문고로 방아 찧는 소리를 내어 부인을 위로했다. 이때 백결 선생이 연주한 곡조가 후세에 〈방아악〉이란 이름으로 전해졌고, 민요 〈방아 타령〉의 시초가 되었다.

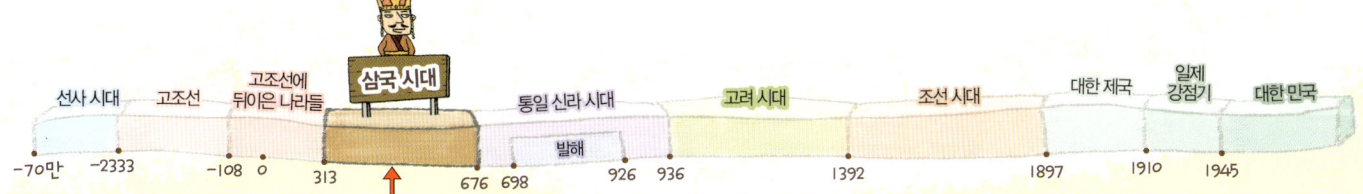

481년 무렵 고구려에서 중원 고구려비를 세우다

1979년 충주시 가금면에서 심하게 훼손되어 글자를 알아볼 수 없는 비석을 발견했다. 높이는 203미터, 폭은 55센티미터였다.

앞면과 왼쪽 귀퉁이 일부의 글자를 탁본해 살펴보니, '고려대왕'이라는 글자로 밝혀져 이 비석이 고구려에서 만든 것임을 알 수 있었다.

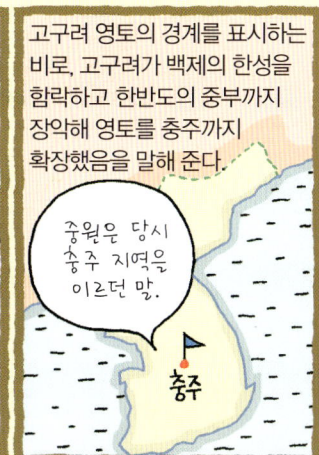

고구려 영토의 경계를 표시하는 비로, 고구려가 백제의 한성을 함락하고 한반도의 중부까지 장악해 영토를 충주까지 확장했음을 말해 준다.

이 중원 고구려비는 장수왕 때 만들어진 것으로 짐작하고 있다.

490년 신라의 소지 마립간이 경주에 시장을 열다

신라 제21대 왕인 소지 마립간은 487년에 신라의 각 지방에 우역을 설치했다.

우역은 국가의 우편 업무를 담당하는 육상 통신 및 교통 기관으로 지금의 우체국과 철도역의 기능을 한 곳이다.

우역에서는 국가에서 관리하는 도로를 수리해서 통신과 교통의 발달을 꾀했다.

소지 마립간은 490년에 경주에 시장을 열어 각 지방의 상품을 유통시켰다. 이 시장은 역사에 기록된 최초의 시장이다.

491년 고구려의 장수왕이 죽어 무덤에 묻히다

고구려의 도읍지였던 국내성 부근에 있는 고구려 무덤 중에는 화강암을 계단식으로 네모나게 쌓아올려 마치 피라미드처럼 보이는 무덤이 있다.

층수는 7층, 높이는 12미터이며, 맨 아래층의 한 변의 길이가 33미터나 되는 큰 무덤이다. 사람들은 '중국 변방의 어느 장군의 묘'일 거라는 생각에서 '장군총'이라고 불렀다.

그 뒤로 광개토왕릉으로 짐작하다가 광개토왕릉비 옆에서 '태왕릉'이라는 거대한 왕릉이 발견되어

태왕릉을 광개토왕릉, 장군총을 광개토왕의 아들인 장수왕의 장수왕릉으로 보고 있다. 장수왕릉이 세워진 때는 장수왕이 죽은 해인 491년으로 짐작하고 있다.

꼭 알아 두어야 할 '이 시대엔 이런 일들이'

410년

고구려의 광개토왕이 동부여와 동예를 통합해 고구려의 영토로 삼았다.

412년

신라 내물 마립간의 둘째 아들인 복호가 고구려에 볼모로 갔다.

413년

고구려 광개토왕이 죽음을 맞았다.

433년

고구려의 남진정책에 대비하기 위해 백제와 신라가 동맹을 맺었다. 이를 나제동맹 또는 제라동맹이라 부른다.

458년

신라의 눌지 마립간이 죽자 그의 맏아들인 자비 마립간이 왕위에 올랐다.

472년

백제가 북위에 사신을 보내 고구려를 공격할 구원병을 요청했으나 거절당했다.

493년

백제의 동성왕이 신라의 왕족 비지의 딸을 왕비로 맞으며 신라와 동맹을 맺었다.

494년

부여가 물길족의 침입을 받아 멸망하자, 부여의 왕이 고구려에 항복하여 고구려에 합병되었다.

498년

백제의 동성왕이 탐라국을 정벌하러 무진주에 이르렀다가 탐라국의 항복을 받았다.

500년

백제의 동성왕이 궁궐의 동쪽에 임류각이라는 화려한 정원을 만들고 사치와 향락을 일삼았다.

삼국 시대 3

501~600년

한반도의 동쪽에 치우쳐 있어 문화의 발달이 늦었던 신라가 주변으로부터 불교와 앞선 문화를 받아들이고 문화의 발달을 이루어 나갔다. 고구려의 공격을 받아 도읍지를 옮긴 백제는 나라의 중흥을 위해 애쓰며 우수한 문화유산을 남겼다.

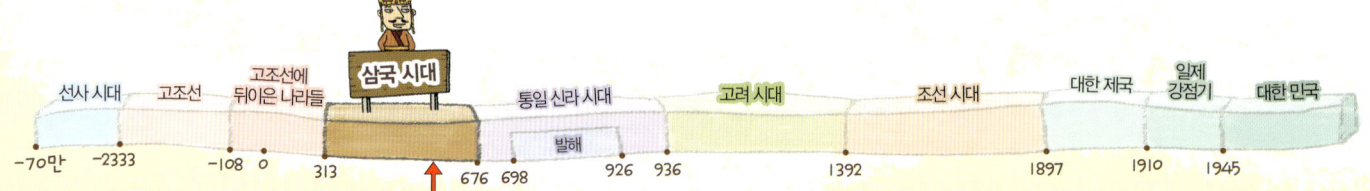

502년 신라, 소를 이용해 농사를 짓다

505년 지증 마립간 때 얼음을 저장하여 사용하다

508년 신라에서 도읍지인 경주에 동시전을 설치하다

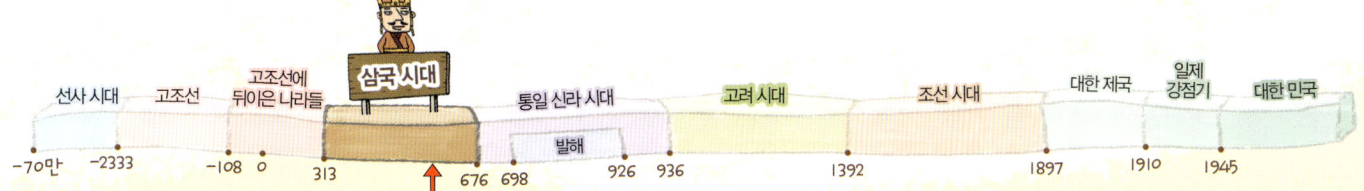

525년 백제의 무령왕릉이 만들어지다

백제의 도읍지였던 충남 공주의 송산 남쪽 경사면에는 왕과 왕족의 무덤이 있다. 이들 무덤 중에 1971년에 발굴된 한 무덤은 지석(죽은 사람의 이름이나 행적, 자손 등을 기록하여 무덤 앞에 세운 석판)에 새겨진 글자를 해석해 무덤에 묻힌 사람과 무덤을 만든 때를 알 수 있었다. 이 무덤에 묻힌 사람은 백제 제25대 왕인 무령왕, 무덤을 만든 때는 525년! 무령왕릉의 천정은 타원형의 아치이며, 벽은 연꽃무늬 벽돌로 가로 쌓기와 세로 쌓기를 반복한 모습이었다. 무덤 안에는 왕과 왕비의 금관, 금제 장식품, 금제 장신구, 청동 거울, 중국 남조의 도자기, 고대 유럽의 벽돌 문양, 인도식 유리 구슬 등 당시 백제의 문화와 당시 세계 곳곳의 문명을 보여 주는 보물이 약 3000 여 점이나 들어 있었다.

527년 신라에서 불교를 공식적으로 인정하다

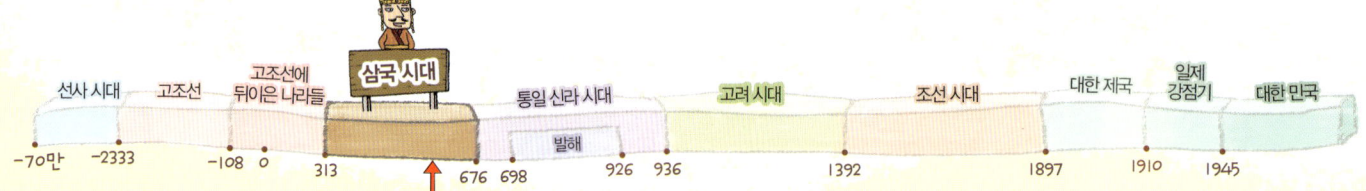

538년 백제가 도읍지를 사비로 옮기고 사비성을 쌓다

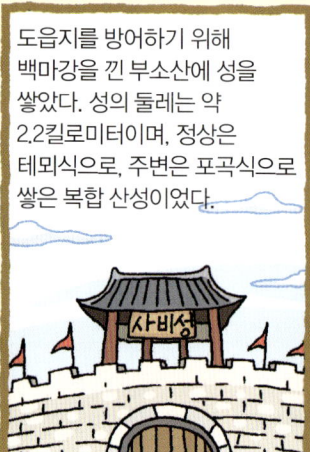

545년 신라의 거칠부가 《국사》를 편찬하다

552년 백제의 노리사치계가 일본에 불교를 전하다

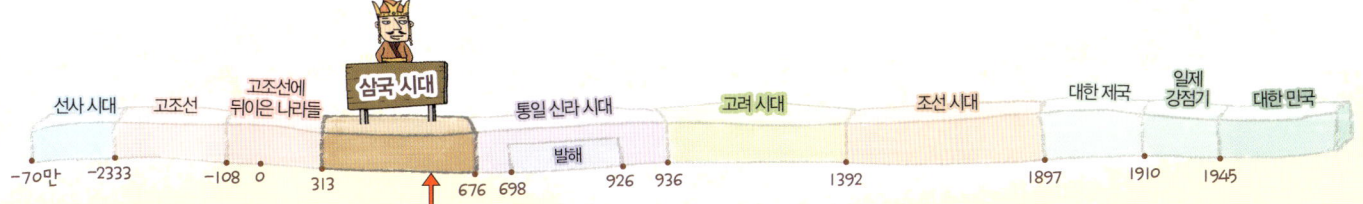

553년 신라에서 황룡사를 짓기 시작하다

553년 신라의 진흥왕이 월성의 동쪽에 왕궁을 짓게 했다. 그러던 어느 날 진흥왕은 그곳에서 황룡이 나타났다는 말을 듣고

이것을 불교를 널리 일으키라는 계시로 여기고 왕궁을 절로 고쳐 짓고 절의 이름을 황룡사라 했다.

황룡사는 17년 만인 569년에 완공하였으며(566년에 일단 공사를 마쳤다가 645년에 완성되었다는 말도 있음) 574년에는 이곳에 높이가 5미터나 되는 금동장륙존상을 만들었으나 황룡사와 불상 모두 몽골의 침입 때 불타 사라졌다.

높이가 1장 6척이나 되는 큰 불상. (1장=10척, 1척=30.3센티미터)

567년 무렵 백제 금동대향로를 만들다

백제의 제27대 왕인 위덕왕은 아버지 성왕이 관산성 전투에 나가 신라군과 싸우다가 비참한 죽음을 당하자,

성왕의 명복을 빌기 위해 성왕의 무덤 옆에 절을 세웠다. 지금은 절은 사라지고 터만 남았는데, 그 절터는 부여 능산리 고분군에 있다.

이곳에 절을 세운 연대는 '백제 창왕(위덕왕의 다른 이름) 13년 즉, 567년으로 밝혀졌다.

이곳에서 백제 예술을 대표하는 유물인 금동대향로를 발견했는데, 금동대향로가 만들어진 때는 절이 세워진 567년 무렵으로 짐작한다.

568년 신라에서 진흥왕 순수비를 세우다

신라 진흥왕은 신라 역대 왕 중에 영토를 가장 크게 넓힌 왕으로 재위 기간 중에 순수비를 세웠다. 그 이름은 진흥왕 순수비!

'순수(巡狩)'란 요즘 말로는 시찰. 즉 임금이 몸소 나라 안을 두루 돌아다니며 살피던 일을 말한다.

진흥왕 순수비가 세워진 곳은 경상남도 창녕, 한강 유역의 북한산, 함경남도 황초령, 함경남도 마운령이다.

창녕비는 561년, 황초령비와 마운령비는 568년, 북한산비는 555년, 또는 561년~568년 사이에 세워진 것으로 짐작하고 있다.

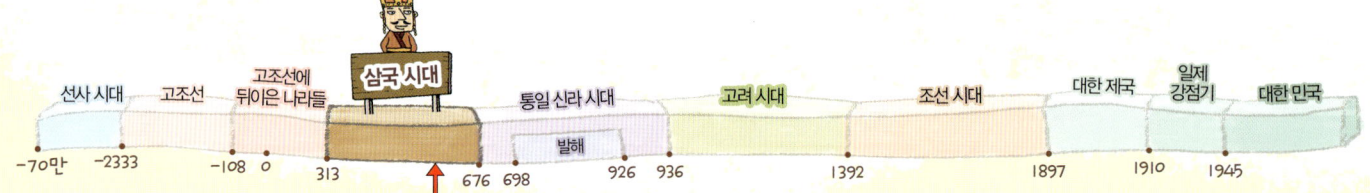

576년 진흥왕이 신라의 화랑 조직을 체계화하다

577년 백제에서 왕흥사를 창건하다

586년 고구려가 장안성을 완성하고 궁궐을 옮기다

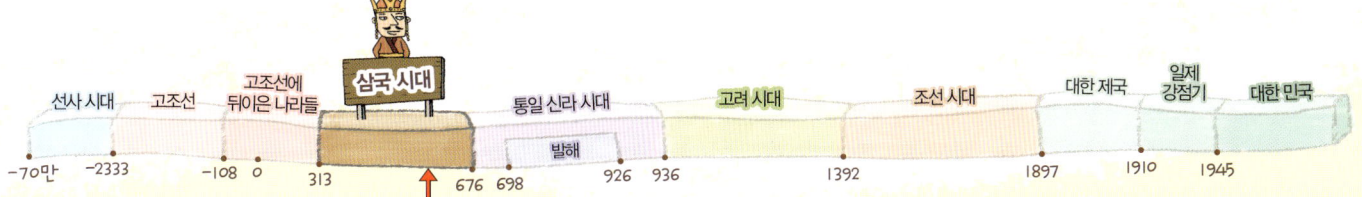

588년 백제의 기술자들이 일본에서 아스카사를 창건하다

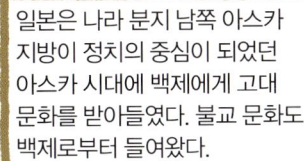

일본은 나라 분지 남쪽 아스카 지방이 정치의 중심이 되었던 아스카 시대에 백제에게 고대 문화를 받아들였다. 불교 문화도 백제로부터 들어왔다.

우리 일본도 절을 짓고 싶습니다. 도와줘요, 백제!

588년 일본은 백제에서 사찰 건축 기술자들을 데려와 아스카 지방에 절을 세우는 데 큰 도움을 받았다.

그렇게 해서 596년에 일본 최초의 사찰인 '아스카사'를 지었다. '절의 기둥을 세우는 날에 일본의 대신과 100여 명이 모두 백제의 옷을 입고 있었다'는 내용이 일본의 역사책 《부상략기》에 기록되어 있다.

600년 고구려의 이문진이 《신집》 5권을 편찬하다

수나라 대군이 침략해 오는 때에 고구려의 기상을 드높이고 온 백성의 단결을 위해서는 역사 교육을 하는 것이 중요하다!

태학 박사 이문진에게 방대한 역사책 《유기》를 정리, 요약하여 새 역사책을 만들게 하라!

태학 박사 이문진은 임금의 명을 받들어 《유기》를 요약해 일정한 체계로 정리한 《신집》이라는 역사책 5권을 편찬했다.

완성이다!

《신집》은 고구려 최고 교육 기관인 태학의 교재로 사용했던 것으로 짐작하나, 지금은 전하지 않는다.

학교의 역사 교재라면 역사 교과서?

600년 신라 원광 법사가 세속오계를 가르치다

신라의 원광 법사가 중국에서 수십 년 동안 유교와 불교를 공부한 뒤에 고국으로 돌아왔을 때, 두 청년이 원광 법사를 찾아와 이렇게 부탁했다.

저희가 평생 동안 지키며 행할 수 있는 계명을 일러 주십시오.

원광 법사는 '세속오계'라는 5가지 계율을 그들에게 일러 주었다. 그 후, 세속오계는 화랑도의 근본 정신이자 계율이 되었.

사군이충(충성으로써 임금을 섬긴다)
사친이효(효도로써 어버이를 섬긴다)
교우이신(믿음으로써 벗을 사귄다)
임전무퇴(싸움에 물러남이 없다)
살생유택(산 것을 죽임에는 가림이 있다)

우리 역사 그림 연표 사회·문화편 **65**

꼭 알아 두어야 할 '이 시대엔 이런 일들이'

503년
신라에서 나라 이름을 '신라'로 확정하고 '왕'이라는 호칭을 사용했다.

505년
신라에서 전국을 주, 군, 현으로 나누었다.

512년
신라의 이사부가 우산국(지금의 울릉도)을 점령했다.

520년
신라에서 율령을 반포하고 모든 관리들의 제복을 제정했다.

532년
신라가 금관 가야를 통합했다.

553년
신라가 진흥왕의 지휘로 한강 유역을 차지하고 백제와 동맹을 깨뜨렸다.

554년
백제의 성왕이 신라의 관산성을 공격하다가 전투에서 패하고 전사했다.

562년
신라의 이사부 장군이 대가야를 멸망시켰다.

590년
고구려의 온달 장군이 아단성(아차산성)에서 전사했다.

598년
수나라 문제가 30만 대군을 이끌고 고구려를 공격하였으나 패하고 물러갔다.

삼국 시대 4와 통일 신라 시대 1
601~700년

고구려, 백제, 신라가 불교문화를 바탕으로 석탑, 사찰 등의 다양한 건축물과 조형물을 완성했다. 신라가 삼국을 통일한 뒤에는 고구려와 백제의 문화를 흡수하여 수준 높은 예술을 이루어냈으며, 학문을 크게 발달시켰다. 한편 한반도의 북부와 만주 지역에 고구려의 유민과 말갈족이 세운 진(발해)나라가 세워졌다.

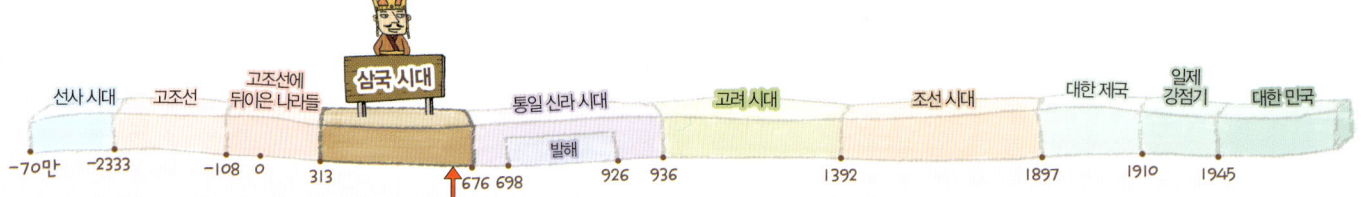

602년 백제의 관륵이 일본에 천문, 지리서를 전하다

| 백제의 승려 관륵은 602년에 역법, 천문과 지리, 둔갑술 등에 관한 책을 가지고 일본으로 건너갔다. | 관륵은 일본의 원흥사에 머물면서 불법은 물론 천문과 지리 등을 가르치며 수많은 제자를 길러 내었다. | 625년 일본의 승려가 자신의 조부를 도끼로 살해하는 사건이 일어나자, 불교에 대한 일본 왕의 박해가 심해졌다. | 그 뒤로 관륵은 '승정'이라는 직책을 맡아 승려의 행동을 바로잡으며 질서 확립에 노력해, 일본의 불교계에서 가장 덕망이 높은 승려가 되었다. |

610년 고구려의 담징이 일본에 건너가 호류사 금당 벽화를 그리다

고구려의 승려이자 화가인 담징은 일본 왕실의 초청을 받아 610년(영양왕 21년) 백제를 거쳐 일본에 건너갔다. 담징은 나라 현에 있는 호류사의 금당에 벽화를 그렸다. 금당 벽화는 중국 산시 성의 원강 석굴, 경주의 석굴암과 함께 동양의 3대 미술품의 하나로 꼽힐 정도로 우수한 작품이다. 하지만 1949년 1월 호류사를 수리하던 중, 불에 타서 사라졌고, 현재는 모사화가 일부 남아 있다. 또한 담징은 일본 승려인 호조(法定)와 함께 지내며 오경과 불법을 강론하고 물감과 먹 만드는 법, 종이, 연자방아 등을 만드는 방법도 가르쳤다.

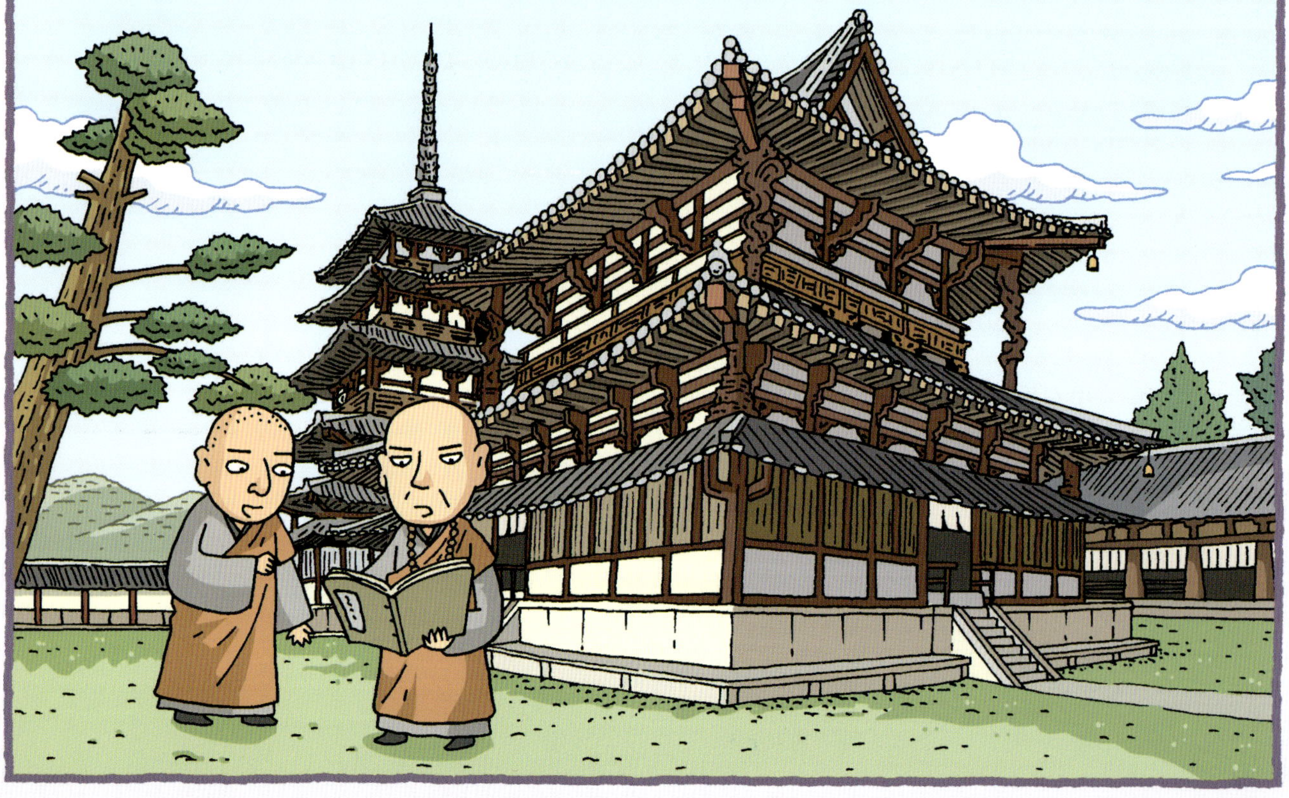

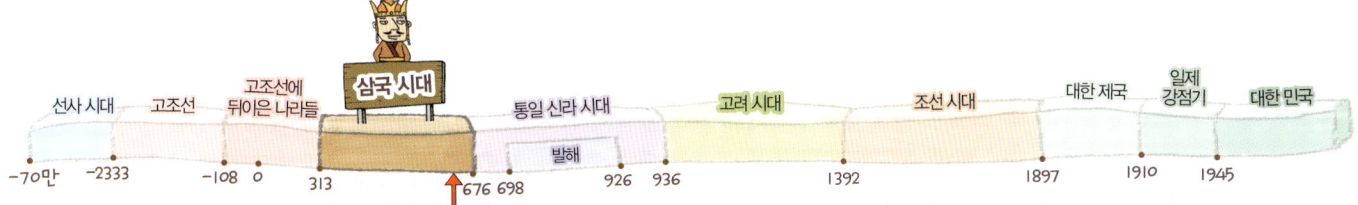

631년 고구려, 천리장성을 쌓다

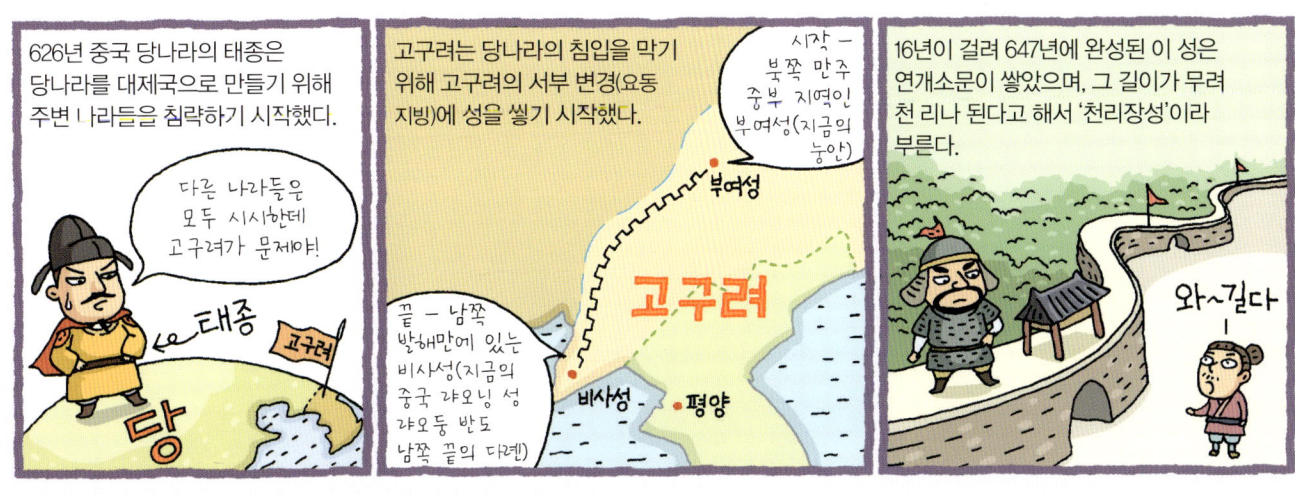

634년 신라에서 분황사가 창건되다

634년 백제에서 궁남지를 건설하다

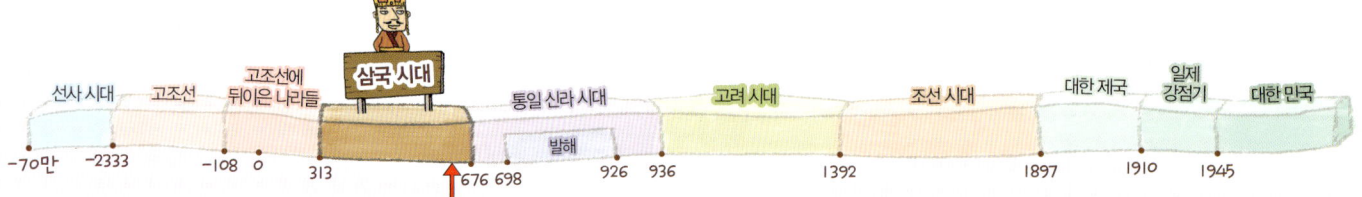

639년 백제에서 미륵사를 창건하다

백제는 무왕 때 현재의 전북 익산시 금마면에 '미륵사'라는 엄청난 규모의 사찰을 세웠다.

— 무왕

이곳을 수도로 삼아 백제의 부흥을 이루리라!

미륵사는 목탑을 중심에 두고 양 옆에 석탑이 있었으며, 또 각 탑의 북쪽에 법당이 하나씩 있었다.

마치 3개의 절이 모여 있는 모습이지.

미륵사에 세워진 석탑은 9층이었을 것으로 짐작하며 목탑의 양식을 돌로써 구현한 백제 석탑 중 최고의 걸작품이다.

미륵사는 사라지고 그 터만 남았어. 석탑도 원래의 모습이 많이 훼손되고….

이때쯤에 세워진 또 하나의 걸작품이 있지, 바로 부여 정림사지의 오층석탑!

645년 신라, 황룡사에 9층 탑을 세우다

신라의 선덕 여왕은 당나라에 유학을 다녀온 자장 율사의 건의로 황룡사에 9층 탑을 세웠다. 탑을 9층으로 세운 것은 일본, 중국 등 주변의 아홉 개 나라를 물리치는 것을 상징했다. 황룡사 9층 탑은 높이가 82미터로 매우 뛰어난 기술로 만들어진 탑이었다. 황룡사 금동장륙존상, 진평왕의 옥대와 함께 신라의 3대 보물로 불렸지만, 안타깝게도 1238년 고려를 침입한 몽골군에 의해 불타 사라지고 말았다.

동양 최대입니다!

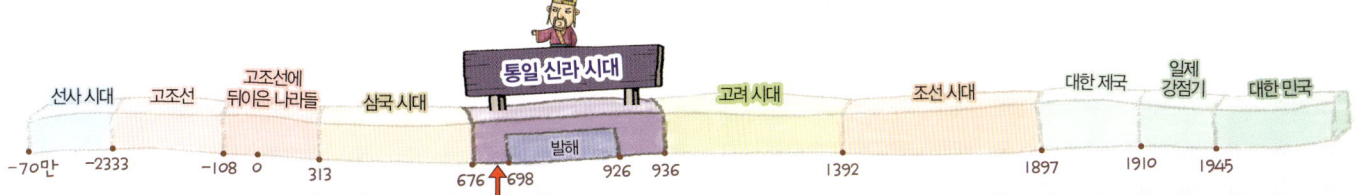

647년 신라에서 첨성대를 세우다

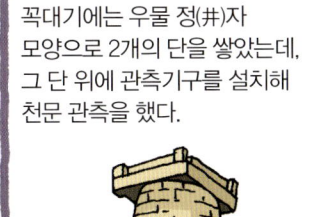

682년 신라에서 국학을 설치하다

692년 신라의 설총이 이두를 집대성하다

꼭 알아 두어야 할 '이 시대엔 이런 일들이'

612년

을지문덕이 이끄는 고구려군이 살수에서 중국 수나라 대군을 물리치다. 이 전투가 살수대첩이다.

642년

보장왕이 고구려 왕위에 올랐으나 고구려의 모든 권력은 '대막리지'라는 벼슬에 오른 연개소문이 가졌다.

645년

양만춘이 이끄는 고구려군이 안시성에서 당나라군의 공격을 막았다.

660년

신라와 당나라 연합군의 공격으로 백제가 멸망했다.

668년

신라와 당나라 연합군에게 고구려 평양성이 점령된 뒤, 고구려가 멸망했다.

670년

신라가 고구려, 백제 땅을 점령한 당나라군을 몰아내기 위해 전쟁을 벌였다. 이를 나당 전쟁이라고 한다.

676년

신라가 매소성 전투, 기벌포 전투 등에서 승리를 거두며 당나라군을 한반도에서 몰아내고 삼국 통일을 이루었다.

687년

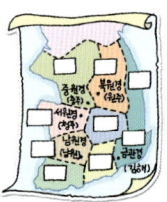

통일 신라가 전국을 9주 5소경으로 편성하고 군사 제도로 9서당 10정을 두었다.

698년

고구려의 유민, 대조영이 천문령에서 당나라군을 물리치고 진(발해)이라는 나라를 세웠다.

통일 신라 시대 2와 발해 1

701~800년

삼국을 통일한 신라는 박사 제도를 두어 수학, 의학, 천문 등을 발달시키고 불국사, 석굴암, 성덕 대왕 신종 등 위대한 불교 예술품을 제작했다. 발해는 고구려 사회를 계승하고 당나라의 제도를 받아들이며 사회, 문화의 발달을 이루어 나갔다.

717년 통일 신라에서 의박사, 산박사를 두다

통일 신라는 성덕왕 때 의박사와 산박사를 각각 1명씩 두었다. 의박사는 지금의 의사를, 산박사는 수학자에 해당한다.

의학과 수학 분야에 박사라는 칭호를 내리는 박사 제도를 두었던 것으로 보아 당시에도 의학, 수학을 중요하게 생각했으며,

국가에서 수학과 의학 분야의 발전을 위해 인재를 기르는 데 노력했다는 것을 알 수 있다.

또한 718년에는 물시계인 누각을 만들고 물시계에 관한 일을 맡아보는 누각전을 설치했다.

727년 통일 신라의 혜초가 《왕오천축국전》을 쓰다

승려 혜초는 723년부터 727년까지 중국 당나라에서 인도, 중앙아시아, 아랍 지역을 여행하고 《왕오천축국전》이라는 여행기를 썼다. 천축국은 지금의 인도를 말하는데, 당시 인도가 다섯 지방(동천축, 서천축, 남천축, 북천축, 중앙천축)으로 나뉘어 '5천축국'이라 불렀다.

'왕'은 갈 왕(往) 자로 《왕오천축국전》은 인도 지방의 여행기라는 뜻이다. 이 책에는 당시 인도 및 서역 각국의 종교, 풍속, 문화 등에 관한 기록이 있으며, 중국과 인도를 잇는 도로 사정을 파악할 수 있는 중요한 자료로써 역사적인 가치가 크다. 원래는 3권이었던 것 같으나, 1권만 현존하며 이마저도 앞, 뒤가 유실된 것을 1908년 프랑스 학자 펠리오가 발견했다. 현재는 파리 국립 도서관에 보관되어 있다.

749년 통일 신라에서 누각박사, 천문박사를 두다

통일 신라의 경덕왕은 성덕왕에 이어 천문과 역법의 발전에 큰 힘을 기울였다. 물시계인 누각전에 누각박사 6명을 두었는데,

누각박사들은 물시계에 대한 연구와 교육을 담당하며 시간 측정을 하고 물시계를 관리했다.

또한 누각전에 따로 천문박사 1명을 두었는데, 천문박사는 누각전에서 천문과 역학을 가르쳤다.

이는 독자적으로 천문 관측과 시각 측정에 대해 더욱 정확한 결과를 얻기 위해서였다. 천문박사는 지금의 천문대장이라고 할 수 있다.

751년 불국사가 창건되다

신라 경덕왕 10년, 김대성이 현세의 부모를 위해 불국사를 짓고, 전생의 부모를 위해서는 석불사를 짓기 시작했다.

751년에 김대성이 중심이 되어 짓기 시작한 불국사는 774년(혜공왕 10년)에 완성된 통일 신라를 대표하는 사찰이다.

입구인 일주문을 시작으로 자하문, 대웅전, 비로전, 극락전, 관음전, 무설전, 나한전 등 여러 불상을 모신 건물과,

다보탑, 석가탑, 연화교, 칠보교, 청운교, 백운교, 비로자나불, 금동아미타여래좌상 등 사찰을 이루는 모든 건축물이 뛰어난 조각 솜씨를 뽐낸다.

751년 무렵 《무구정광대다라니경》 목판 인쇄본이 안치되다

1966년 불국사의 석가탑을 복원하는 공사 중에 석가탑 2층에 안치된 사리함이 발견되었다.

사리함에는 여러 유물들과 두루마리 종이가 하나 들어 있었는데, 두루마리 종이의 크기는 가로 7미터, 세로 6.5미터였다.

그 종이에는 깨알만 한 글자들이 한 행에 7~9자씩, 55~63행으로 인쇄되어 있었다.

이것은 불교의 경전을 인쇄한 《무구정광대다라니경》으로, 세계에서 가장 오래된 인쇄물이다.

765년 통일 신라의 충담사가 향가인 〈찬기파랑가〉, 〈안민가〉를 짓다

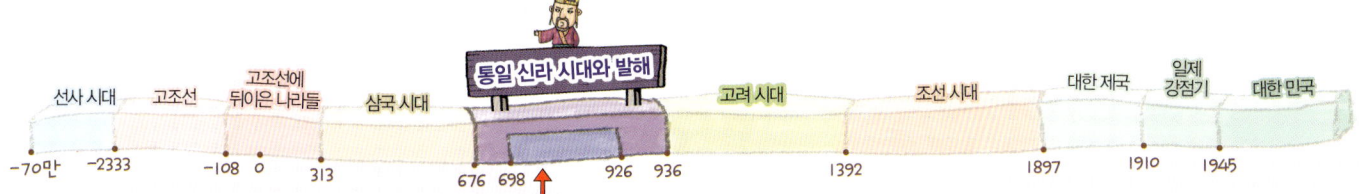

774년 석굴암이 완공되다

김대성이 751년에 불국사와 함께 세우기 시작한 석굴암은 774년(혜공왕 10년)에 완공되었다.

김대성

경주 토함산 중턱을 깎고 화강암을 석굴 형태로 쌓아 올린 뒤, 그 위에 흙을 덮은 사원이다.

뛰어난 건축술, 수리와 도형에 대한 이해가 한 데 어우러진 독특한 양식이며 내부에는 본존불인 석가여래 좌상을 비롯해 40구의 불상을 조각해 놓았다. 이 불상의 조각 솜씨가 너무나 뛰어나 동아시아 불교 조각품의 최고 걸작으로 손꼽힌다. 지금은 38구만 남아 있다.

777년 발해의 정혜 공주 무덤이 지어지다

정혜 공주는 발해 제3대 왕인 문왕의 둘째 딸로 737년에 태어나 777년 4월에 죽었다.

공주야

문왕은 딸의 죽음을 슬퍼하며 지금의 중국 지린 성 둔화현에 정혜 공주의 무덤을 지었다. 무덤 형식은 고구려 후기 양식을 계승한 돌방무덤이다.

돌방무덤은 관을 안치한 방(널방)을 돌로 만들고, 무덤 입구에서 널방까지 널길을 낸 무덤이다.

널방
널길

무덤 속에서는 돌사자상이 발견됐는데, 돌사자상은 고구려 미술의 패기와 열정을 계승한 뛰어난 조각술을 보여 준다.

어흥!

792년 발해의 정효 공주 무덤이 지어지다

정효 공주는 발해 제3대 왕인 문왕의 넷째 딸로 757년에 태어나 793년에 6월 19일에 죽었다.

또?

문왕은 공주의 죽음을 슬퍼하며 지금의 중국 지린 성 허룽현에 무덤을 지었다.

흑흑, 공주야!

무덤 형식은 고구려에서 유행하던 돌방무덤과는 달리 벽돌을 쌓아 만든 벽돌식이며.

무덤 벽에는 12명의 인물 벽화와 고구려 양식의 벽화가 그려져 있다.

꼭 알아 두어야 할 '이 시대엔 이런 일들이'

713년

발해의 고왕이 왕자를 당나라에 보내 시장에서 교역을 하게 했다.

732년

발해의 장군 장문휴가 당나라의 등주를 공격했다. 당나라는 통일 신라를 끌어들여 발해를 공격하나 별 성과를 얻지 못했다.

735년

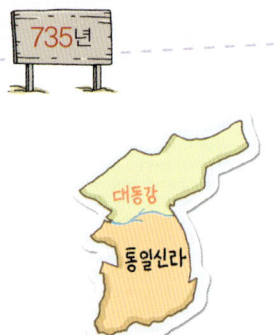

통일 신라가 당나라와의 외교를 통해 국토의 경계를 패강(대동강)으로 확정지었다.

738년

발해가 국가 체제를 정비했다. 이 무렵 중앙 행정 조직이 3성 6부로 갖추어졌다.

756년

발해가 도읍지를 상경 용천부로 옮겼다.

757년

통일 신라에서 녹읍제가 부활했다. 이것은 왕권보다 귀족의 세력이 커졌음을 의미한다.

786년

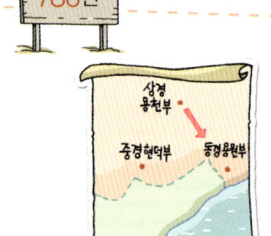

발해가 도읍지를 동경 용원부로 옮겼다.

788년

통일 신라의 원성왕이 독서삼품과를 실시해 국학의 학생을 독서 능력에 따라 상, 중, 하로 나누고 이를 관리 선발에 참고했다.

795년

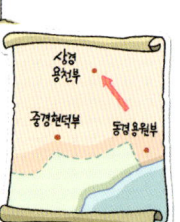

발해가 도읍지를 상경 용천부로 옮겼다.

통일 신라 시대 3
발해 2

801~900년

통일 신라가 큰 전쟁 없이 태평한 시대를 누리자 도읍지인 경주는 사치스러울 정도로 풍요로웠으며 사회적으로 무분별한 사치 풍조가 일어나는 등 사회가 점점 문란해졌다. 그러자 지방에서는 관리들의 부정과 부패로 생활이 어려워진 백성의 반란이 일어났다. 발해는 주변의 당나라와 일본과 외교를 맺고 적극적인 문화 교류를 했다.

802년 통일 신라에서 가야산에 해인사를 창건하다

신라 제40대 왕인 애장왕의 왕비가 등에 종기가 나 고생이 심했다. 그러자 가야산에서 수행하던 '순응'과 '이정'이라는 스님이 그 병을 낫게 해 주었다. 애장왕은 보답으로 가야산에 사찰을 세우고 '해인사'라 이름 지었다. '해인(海印)'이라는 이름은 화엄경의 '해인삼매'라는 말에서 비롯된 것으로 '물속 세계가 맑고 투명하게 비치듯, 사람들이 생각과 마음을 맑고 깨끗하게 하면 우주의 참된 모습이 그대로 물속에 비치는 경지에 이른다'는 뜻이다. 해인사는 불교의 한 종파인 화엄종을 대표하는 사찰로 세계문화유산과 국보와 보물 등 70여 점의 유물이 있다.

806년 통일 신라의 애장왕이 사찰의 창건을 금지하다

824년 장보고가 당나라 산둥 반도에 적산법화원을 창건하다

800년대 초, 통일 신라와 당나라의 무역이 활발해지자, 당나라의 해안 지대인 등주, 양주, 초주에 신라인이 이주해 사는 마을이 생겼다.

신라인의 마을을 '신라방', 신라의 사신, 유학생, 승려가 머문 곳을 '신라관', 신라인을 다스리기 위한 행정 기관은 '신라소'. 신라인이 세운 절은 '신라원'이라 한다.

장보고가 당나라 무령군의 소장으로 있을 때 신라방이 있던 산둥 반도 적산촌에 적산법화원이라는 절을 세웠다.

이 절은 당나라에 사는 신라인의 신앙 생활과 당나라로 건너가는 신라의 승려와 일본의 승려에게 많은 도움을 주었다.

828년 장보고가 청해진을 설치하다

당나라에서 무역을 통해 경제력을 키운 장보고는 신라로 돌아와 흥덕왕에게 청해(완도)에 군사기지를 건설하자는 청을 했다. 이를 통해 해적의 침입을 막고 서해의 무역로를 보호하자는 것이었다. 왕은 이를 허락하고 장보고를 청해진의 대사로 임명했다. 장보고는 청해진을 설치하고 1만여 명의 백성을 모아 군대를 만들었다. 그 뒤 군사를 훈련시켜 해적을 물리치고 동아시아의 해상권을 장악했다.

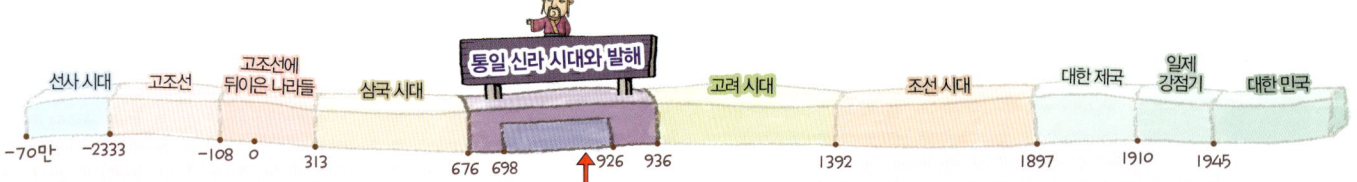

828년 통일 신라의 흥덕왕이 지리산에 차를 심다

828년 당나라에 사신으로 갔던 김대렴이 돌아오는 길에 당나라에서 차의 종자를 가져왔다.

김대렴이 가져온 차를 잘 심어서 우리나라에서도 은은한 향기가 나는 차를 맛볼 수 있게 하라.

흥덕왕은 김대렴이 가지고 온 차를 지리산에 심게 했다. 이때부터 야생차 재배가 번성하게 되었다.

김대렴이 가지고 온 차를 처음 재배한 곳은 경남 하동군에 있는 쌍계사라는 절로 전해진다.

832년 발해가 당나라에 왕자를 파견해 적극적인 문화 교류에 힘쓰다

발해는 제10대 왕인 선왕 때 중흥을 이루어 영토를 크게 넓히고 전국의 행정 구역을 5경 15부 62주로 정했다.

선왕은 '건흥'이라는 연호를 사용하였으며 당나라와 일본과 빈번한 사신 왕래를 통해 적극적인 외교 활동을 벌였다.

이 무렵 당나라는 국력이 튼튼하고 문화가 발달한 발해를 '해동성국'이라고 불렀다.

제11대 왕인 대이진은 832년에 왕자 명준을 당나라에 파견하고, 그 뒤 여러 차례 다른 왕자들도 당나라에 파견하여 문화 교류를 이어 나갔다.

834년 통일 신라 흥덕왕이 사치를 금하는 명령을 내리다

통일 신라의 귀족들이 사치스럽고 화려한 생활을 하자 당나라에서 들어온 호화로운 장식품과 옷이 크게 유행하기 시작했다.

일반 백성도 당나라나 서역에서 들어온 호화로운 장식품들을 장만하는 등 사회적으로 무분별한 사치 풍조가 일어났다.

이에 흥덕왕은 관등에 따라 입는 관복의 옷감과 색깔, 장식 등을 정해 관리들의 옷차림을 엄격히 제한했으며,

신분에 따라 생활용품, 직품, 집의 크기 등을 규제해 백성의 사치를 금했다.

82

880년 통일 신라에 〈처용가〉와 처용무가 유행하다

875년 경문왕에 이어 그의 아들인 헌강왕이 통일 신라의 제49대 왕이 되었다. 880년 헌강왕이 신하들과 월상루(반월성의 남동쪽 끝 높다란 곳)에 올라 도성을 바라보니, 백성의 집과 담들이 기와로 줄줄이 이어져 있고 노래와 음악 소리가 끊이질 않았다. 신라의 도읍지인 경주가 사치스러울 정도로 풍요로웠던 것이다. 이때에 〈처용가〉라는 향가와 처용무라는 춤이 시작되어 유행했다.

888년 통일 신라에서 향가집 《삼대목》이 지어지다

886년 통일 신라의 헌강왕이 후손 없이 죽음을 맞자 그의 동생이 왕위를 이어 정강왕이 되었다. 정강왕 역시 후손 없이 2년 만에 죽었다.

정강왕: 왕위를 내 누이동생인 만에게….

정강왕의 누이동생인 '만'이 신라 제51대 왕인 진성 여왕이다. 진성 여왕은 향가를 수집하라는 명령을 내렸고,

진성 여왕: 신라의 모든 향가를 모아 오시오! 네~

이에 위홍과 대구 화상이 향가를 수집하여 《삼대목》이라는 향가집을 엮었으나 현재에는 전하지 않는다.

여기에 다 있소?

다만 그 규모가 무척 방대하고 내용도 다양했을 것으로 짐작한다. 《삼대목》은 문헌으로 기록된 최초의 노래집이다.

889년 진성 여왕이 황룡사에서 호국 법회를 열다

진성 여왕은 지방 관리의 부정과 부패로 세금이 잘 걷히지 않자, 관리를 보내 지방의 세금을 걷게 했다.

이때부터 사벌주(지금의 경북 상주 지방)를 비롯해 나라 곳곳에서 반란이 일어나기 시작했다.

이에 진성 여왕은 황룡사에서 '백좌강경'이라는 법회를 열어 불경을 낭독하게 했다.

백좌강경은 나라에 큰 어려움이 닥쳤을 때 이를 극복하고 나라의 평안을 기원하는 호국 법회이다.

나무아미타불 / 민간을 다스려 주소서.

꼭 알아 두어야 할 '이 시대엔 이런 일들이'

805년

통일 신라의 애장왕이 왕권을 강화하기 위한 〈공식 20여조〉를 발표했다.

809년

애장왕이 숙부 김언승의 반란으로 살해당했다. 김언승이 왕위에 올라 헌덕왕이 되었다.

822년

신라의 웅천주 도독인 김헌창이 반란을 일으켰다.

846년

신라의 장보고가 염장에게 살해되었다.

889년

사벌주에서 원종과 애노의 난이 일어났다.

891년

신라의 궁예가 양길의 부하로 들어가 강원, 경기, 황해도 일대에서 활약했다.

892년

신라의 견훤이 농민군을 이끌고 무진주를 점령하여 세력을 키웠다.

894년

최치원이 사회 개혁에 대한 내용을 담은 〈시무 10조〉를 진성여왕에게 올렸다.

898년

궁예가 왕건을 부하로 삼고 양길을 물리치며 송악에서 세력을 키웠다.

900년

견훤이 완산주를 점령하고는 '후백제'를 세웠다.

고려시대 1
901~1000년

후삼국을 통일한 고려가 지금의 개성인 송악을 도읍지로 삼아 나라의 기틀을 다졌으며 개성에 시전을 설치하는 등 상업의 발달을 꾀했다. 광종 때 국가적으로 불교 행사를 벌이며 불교를 적극 장려했다. 백성의 살림을 위해 새로운 제도를 시행했으며 지방 호족의 세력을 견제하기 위해 억울하게 노비가 된 사람의 신분을 평민으로 회복시켜 주는 노비안검법을 실시하기도 했다. 한편 발해는 내분과 거란의 침략으로 멸망했다.

919년 고려가 송악으로 도읍지를 옮기고 평양성을 쌓다

후고구려를 세운 궁예가 권력을 휘두르며 난폭하게 변하자, 그의 신하와 장수들이 왕건을 새로운 왕으로 세우기로 했다.

왕건은 송악의 호족으로 궁예 밑에서 장수로 활약하며 큰 공을 세워 왕 다음으로 높은 자리에 올라 있었다.

918년 왕건은 궁예를 몰아내고 새로운 왕조를 세웠다. 919년 도읍지를 자신의 고향인 송악으로 옮겼다.

왕건은 평양을 중심 지역으로 삼아 북진 정책을 펼쳤다. 또한 이를 위해 평양성을 수리했다.

934년 발해의 세자가 수만 명의 백성을 이끌고 고려에 귀화하다

926년 거란의 야율아보기가 발해를 멸망시키고 발해에 동단국을 세운 뒤, 큰 아들을 국왕으로 삼자,

발해의 세자 대광현이 장군 신덕과 함께 수만 명의 백성을 이끌고 고려에 망명했다.

고려의 태조 왕건은 대광현에게 '왕계'라는 이름을 내리고 땅과 집을 주었다.

그 뒤 많은 발해 유민이 고려로 망명하자, 고려 왕실에서는 발해 유민에게 벼슬과 살 곳을 마련해 주는 등 적극적으로 지원했다.

943년 왕건이 '불교 행사를 소홀히 하지 마라'는 유언을 남기다

고려를 세우고 후삼국을 통일한 태조 왕건은 죽기 전에 고려를 다스릴 후세의 왕에게 유언을 남겼는데, 이를 '훈요십조'라고 한다.

훈요십조에는 연등회와 팔관회 등의 불교 행사를 소홀히 하지 말고 국가적으로 불교를 적극 장려하라는 내용이 있다.

연등회는 연등을 켜고 부처님의 공덕을 비는 행사로 1월 15일이나 2월 15일에 치러졌으며,

팔관회는 하루 낮, 하루 밤 동안에 8가지의 계율을 지키는 의식으로, 개경에서는 11월 15일, 서경에서는 10월 15일에 치러졌다.

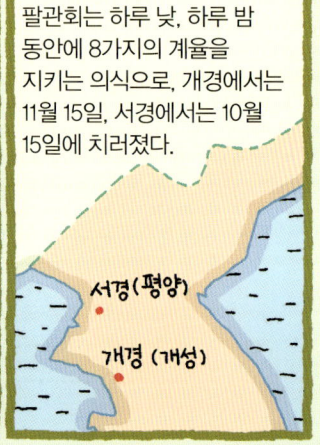

956년 고려에서 노비안검법을 실시하다

고려의 제3대 왕인 광종은 지방 호족 세력의 힘을 약하게 하고 왕권을 키우기 위해 '노비안검법'을 실시했다.

노비안검법은 노비를 조사하여 억울하게 노비가 된 사람을 다시 평민 신분으로 회복시켜 주는 것이다.

당시 노비는 호족의 재산일 뿐 아니라 호족의 개인 군사로도 이용되었다.

노비가 평민이 되어 국가에 세금을 내니 나라 살림이 늘어난 반면, 호족은 노비가 줄어드니 경제력이 줄어들었다.

958년 고려에서 과거 제도를 실시하다

광종은 '과거 제도'를 실시했다. 과거 제도는 시험을 치러 관리를 선발하는 제도로, 문예와 유교 경전을 시험 쳐서 문신을 선발했다.

의술을 베푸는 의사도 과거 제도를 통해 선발했다. 또한 스님을 선발하는 승과 제도도 실시했는데,

승과 제도를 실시한 것은 훌륭한 승려들을 배출하고 육성하기 위한 목적도 있었지만,

고려 사회에 막강한 영향력을 갖게 될 불교를 승과 제도를 통해 통제하며 관리하려고 했던 것이다.

986년 고려의 성종이 의창을 설치하다

지난 가을에 수확한 양식은 바닥이 나고 보리는 미처 여물지 않고. 식량 사정이 너무 어렵군.

나라에서 '의창'이라는 창고를 열어 춘궁기에 농민에게 곡식을 꾸어 주고 추수 뒤에 갚도록 해 준다는군.

의창은 곡식을 저장했다가 흉년이 들었을 때, 저장한 곡식으로 빈민을 구제하는 역할을 했다.

이전에 고려의 태조가 '흑창'이라는 이름으로 창고를 설치했고, 성종 때 흑창의 곡식을 더 보충하여 의창을 만든 것이다.

987년 노비환천법을 시행하다

992년 성종, 국자감을 세우다

993년 개경, 서경, 12목에 상평창을 설치하다

996년 우리나라 최초의 화폐인 건원중보를 주조하다

고려에서는 996년(성종 15년)에 '건원중보'라는 금속 화폐를 만들었다. 건원중보는 철로 만든 화폐로 둥근 모양이며 가운데 네모난 구멍이 나 있었다. 건원중보를 발행한 것은 화폐 사용을 통해 상업을 장려하기 위해서였다. 국가에서는 백성에게 건원중보를 사용하라고 적극 권장했지만 당시의 일반 백성은 곡식이나 옷감, 소금 등을 화폐를 대신해 사용했으며 금속으로 만든 화폐를 불편하게 여겨 많이 사용하지 않았다. 그래서 건원중보는 차와 술, 음식을 파는 식당에서만 부분적으로 사용되었다.

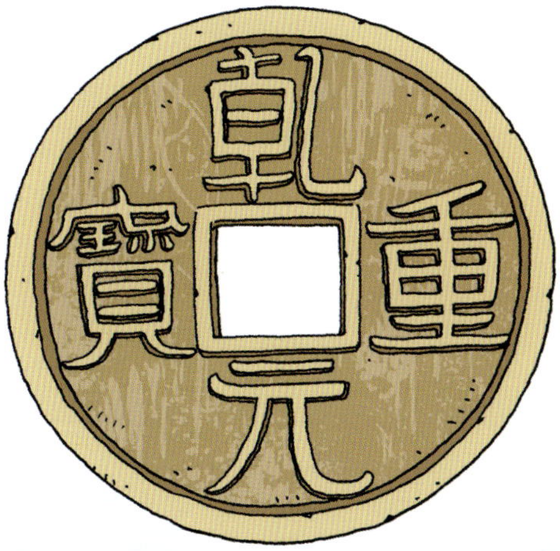

꼭 알아 두어야 할 '이 시대엔 이런 일들이'

918년
왕건이 '고려'라는 새 왕조를 세웠다.

926년
발해가 거란의 침입으로 멸망했다.

935년
경순왕이 고려에 항복하여 992년 만에 통일 신라가 멸망했다.

936년
고려의 왕건이 후백제를 무너뜨리고 후삼국을 통일했다.

947년
고려의 정종이 왕권 강화와 거란 침입에 대비해 광군 30만 명을 조직했다.

976년
고려 경종 때 벼슬의 등급과 인품에 따라 모든 관리들에게 토지를 나누어 주는 '전시과'를 실시했다.

982년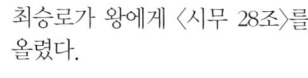
최승로가 왕에게 〈시무 28조〉를 올렸다.

983년
성종 때에 전국의 중요한 곳에 12목을 설치하고, 중앙에는 3성과 그 밑으로 6부를 두어 행정 기구를 개편했다.

993년
서희가 거란의 소손녕과 외교적 담판을 벌여 강동 6주를 얻었다.

995년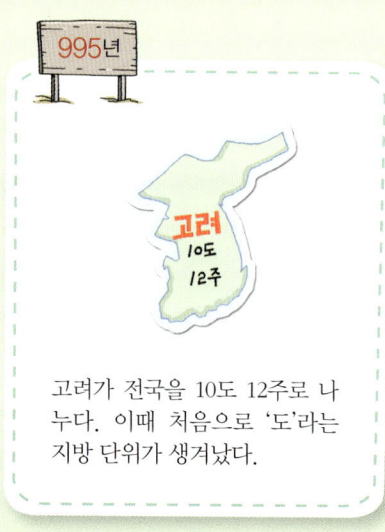
고려가 전국을 10도 12주로 나누다. 이때 처음으로 '도'라는 지방 단위가 생겨났다.

고려 시대 2

1001~1100년

고려가 거란족과 여진족의 침입을 받자
천리장성을 쌓고, 불교의 힘으로 신하와 백성의 뜻을 모으고 외적이 물러나기를 바라며 불교의 경전인 대장경을 간행했다. 송나라와 정식으로 국교를 맺으며 문화를 발달시켰으며 청자를 본격적으로 제작했다.

1000년 무렵 왕실 의료 기관인 태의감과 상약국이 설치되다

1011년 초조대장경 조판 작업을 시작하다

1032년 《7대 실록》 36권을 편찬하다

1033년 천리장성을 쌓다

고려는 거란족과 여진족 등 북방의 침입을 막기 위해 1033년부터 북쪽 국경 지대에 성을 쌓기 시작했다. 원래 있던 성을 연결하고 수리하거나 새로 쌓아 11년이 지난 1044년에 성을 완성했다. 성의 높이와 폭이 각각 7미터이며, 길이가 400킬로미터 정도로 서쪽의 압록강 어귀에서부터 동해안의 도련포까지 이어진다. 그 길이가 천 리나 된다 하여 '천리장성'이라 불렀다.

1036년 동대비원을 수리해 헐벗고 병든 사람을 보살펴 주다

고려의 개경에서 백성을 위해 처음 만든 의료 기관은 '대비원'이었다. 개경의 동쪽에 있는 '동대비원', 서쪽에 있는 '서대비원'을 합쳐 '동서 대비원'이라 불렀다.

1036년(정종 2년) 11월에 동대비원을 수리해 배고프고 병들어 갈 데 없는 사람을 치료하고 옷을 입히고 밥을 먹여 주었다.

설치한 연도는 정확하게 알 수 없으나 기록으로 미루어 보아 1036년 이전으로 짐작할 수 있다.

서경에도 개경의 대비원이 나누어 설치되어 있었다. 대비원은 의료 사업과 함께 어려운 사람을 돌보는 구제 기관의 역할도 했다.

1050년 무렵 고려에서 청자를 본격적으로 만들다

(만화 1) 푸른빛이 감도는 송나라 청자는 정말 멋져! 그런데 수입되는 물량이 워낙 적으니 쉽게 구입할 수가 없어.

(만화 2) 그렇다면 우리 고려에서 직접 만들면 되지 않을까? 고려 도공의 솜씨는 최고!

(만화 3) 그때부터 고려인들은 청자를 만드는 기술을 익혀 고려만의 깊고 오묘한 색을 내는 청자를 만들었다. — 고려의 아름다움!

(만화 4) 송나라 서긍이라는 사람이 《고려도경》에 기록한 고려청자에 관한 글 등을 통해 이때를 약 1050년에서 1150년 무렵으로 짐작하고 있다. — 고려청자는 빛깔이 푸르고 오묘하며…

1055년 최충이 9재 학당을 세우다

최충은 고려 전기의 문신으로 문장과 글씨에 능하여 해동공자로 불렸다. 《7대 실록》 편찬에 참여했으며, 1047년(문종 1년)에는 당시의 최고 관직인 '문하시중'이라는 자리에 올라 고려 형법의 기틀을 마련했다. 72세의 나이로 관직에서 물러나 개경 송악산 아래 자하동에 있는 자신의 집에서 젊은이들에게 학문을 가르쳤는데, 그가 학문을 가르친다는 소문을 듣고 전국에서 많은 젊은이가 구름처럼 모여들었다. 이에 최충은 자신의 재산을 털어서 새 학당을 짓고 9개의 재(교실)로 나누어 각각 다른 과목을 가르쳤다. 이를 '9재 학당'이라 부른다. 최충이 세운 9재 학당은 우리나라 최초의 사립 학교였다.

1075년 《균여전》을 펴내다

1095년 교장도감에서 《속장경》을 간행하다

1099년 대각 국사 의천이 천태종을 창시하다

꼭 알아 두어야 할 '이 시대엔 이런 일들이'

1018년
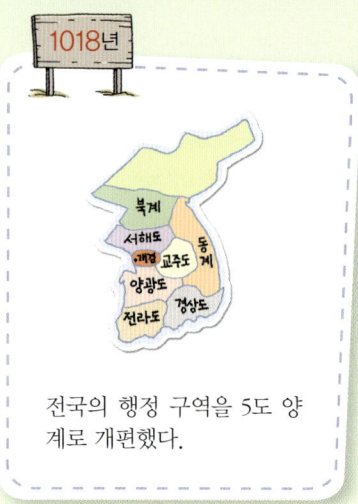
전국의 행정 구역을 5도 양계로 개편했다.

1018년

거란이 고려를 3차로 침입했다.

1019년

강감찬이 귀주대첩에 승리하여 거란군이 고려에서 물러갔다.

1024년

서역 대식국(아라비아 사라센 제국) 사람 100명이 공물을 바치고 무역을 요청했다.

1050년

문종이 재난 때문에 농사에 피해를 본 경우 조세를 면해 주는 재면법을 마련했다.

1062년

문종이 삼원신수법을 실시해 범죄에 대한 조사가 공정히 이루어지게 했다.

1063년

국자감 유생의 재학 기간은 9년이었다. 율생은 6년으로 제한하고 재학 기간 중 성적을 올리지 못하는 자는 퇴학시켰다.

1071년

고려가 송나라와 정식으로 국교를 맺었다.

1077년

문종이 향리의 자제를 인질로 삼아 개경에 머물게 하는 선상기인법을 제정했다.

고려 시대 3

1101~1200년

고려에서는 학문의 발달을 위해 인쇄 출판 사업을 펼쳤으며, 9재 학당을 비롯해 개인이 세운 학당이 크게 번성했다. 금속 화폐가 유통 되었고 국민에게 민족성을 심어 주기 위한 《삼국사기》등의 역사책을 편찬했다. 정치적으로는 문벌귀족 중심의 정치 체제에 불만은 품은 무신들이 난을 일으켜 권력을 장악하고 무인 시대를 열었다.

1101년 국자감 안에 서적포라는 출판부를 두다

그리하여 국자감 안에 서적포라는 이름의 출판부가 설치되었으며, 비서성에 있던 모든 책판이 서적포로 옮겨졌다. 서적포에서는 출판 사업을 적극적으로 펼쳤다.

1101년 금속 화폐를 만드는 주전도감을 설치하다

이에 1097년에 숙종은 '주전관'이라는 관청을 설치하고 관리를 두어 화폐를 만드는 업무를 담당하게 했다.

1101년 주전관은 '주전도감'으로 이름이 바뀌었고, 그 해에 병 모양처럼 생긴 은화인 '은병'이 만들어졌다.

1102년 해동통보를 만들고 화폐 유통에 애쓰다

1102년에 주전도감에서 해동통보의 견본을 만들었다.

해동은 '우리나라'의 별칭, 통보는 '널리 통하는 보배'란 말로 동전을 일컫지.

그 모양은 둥글며, 가운데 구멍이 있고, 상하좌우에 海東通寶(해동통보)라는 글자가 새겨져 있다.

숙종 임금은 그 해에 해동통보 1만 5000관을 만들어 고위 관리와 문무 양반, 군인에게 나누어 주고 사용하게 했다.

1109년 국자감 안에 7재를 만들다

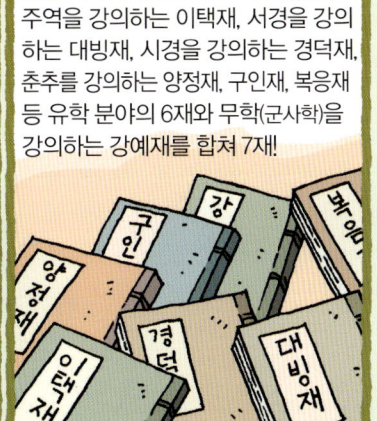

그렇게 해서 국자감 안에 '7재'라는 이름으로 7개 분야의 전문 강좌를 만들었다.

주역을 강의하는 이택재, 서경을 강의하는 대빙재, 시경을 강의하는 경덕재, 춘추를 강의하는 양정재, 구인재, 복응재 등 유학 분야의 6재와 무학(군사학)을 강의하는 강예재를 합쳐 7재!

1112년 서민 의료 기관인 혜민국을 설치하다

1117년 대성악을 송나라로부터 들여와 궁중 음악을 발달시키다

1119년 국자감 안에 양현고를 설치하다

1129년 서경에 대화궁을 짓다

1122년에 14살의 나이로 고려 제17대 왕이 된 인종은 '이자겸의 난' 등 어지러운 국내 정세를 겪었다.

이때 묘청이라는 스님이 인종에게 도읍지를 서경으로 옮기자는 주장을 했다.

1128년(인종 6년) 8월에 인종은 서경에 궁궐을 짓게 하고 1129년 2월에 공사가 끝나자 이를 '대화궁'이라 이름 지었다.

그러나 김부식 등 대신들의 반대로 서경으로 도읍지를 옮기는 것이 중지되어 묘청의 '서경 천도 운동'은 끝이 났다.

1145년 김부식이 《삼국사기》를 편찬하다

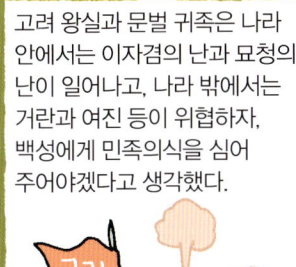

고려 왕실과 문벌 귀족은 나라 안에서는 이자겸의 난과 묘청의 난이 일어나고, 나라 밖에서는 거란과 여진 등이 위협하자, 백성에게 민족의식을 심어 주어야겠다고 생각했다.

백성에게 민족의식을 심기 위해서는 역사적 교훈이 최고!

이에 따라 김부식 등 11명의 학자들이 고려 이전의 신라, 백제, 고구려 삼국의 역사를 편찬하였는데, 이 역사책이 《삼국사기》이다.

총 50권으로 우리나라에 현재 전하는 역사책 중에 가장 오래된 것이며, 《삼국유사》와 함께 가장 기본적인 역사 자료로 이용되고 있다.

1193년 이규보가 《동명왕편》을 쓰다.

무신 정권 때의 문인인 이규보는 고구려를 세운 동명왕에 대한 전설이 황당하고 기괴하여 이를 없애야 한다고 생각했다.

그러던 중에 고려 초기에 편찬된 삼국 시대 역사책인 《삼국사》를 읽고, 동명왕의 이야기가 거룩하고 성스러운 것임을 깨닫게 되었다.

그 뒤 장편 서사시 《동명왕편》을 썼다. 《동명왕편》은 동명왕 탄생 이전의 계보, 동명왕의 출생과 건국, 후계자인 유리왕의 업적과 작가의 느낌을 붙인 글로 구성되어 있다.

《동명왕편》에는 우리 민족의 위대한 정신과 고려가 고구려를 계승했다는 자부심을 후대에 전하겠다는 의도가 잘 나타나 있다.

꼭 알아 두어야 할 '이 시대엔 이런 일들이'

1104년

윤관의 건의로 여진족의 군대에 대항할 특수 부대인 '별무반'이 편성되었다.

1108년
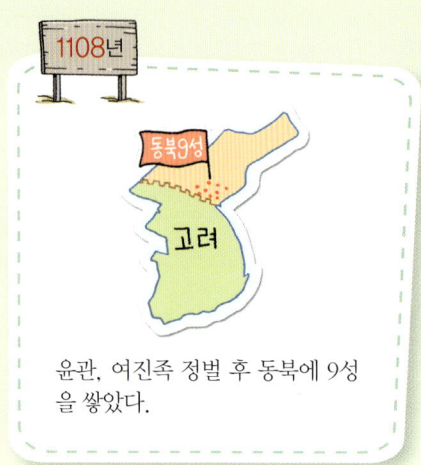
윤관, 여진족 정벌 후 동북에 9성을 쌓았다.

1126년

이자겸이 난을 일으켰다.

1135년

묘청이 서경에서 반란을 일으키지만 김부식이 1년만인 1136년에 진압했다.

1170년

정중부를 중심으로 무신들이 난을 일으켜 권력을 손에 넣었다.

1176년

천민인 '망이, 망소이의 난'이 일어났다.

1179년

경대승이 비밀 결사대를 조직해 정중부를 살해하고 도방에서 정치를 했다.

1190년

경대승이 죽자 이의민이 무신 정권의 최고 권력자가 되었다.

1196년

최충헌이 이의민을 살해하고 무신정권의 최고 권력자가 되었다.

고려 시대 4

1201~1300년

고려에서는 금속 활자를 개발하여 금속 인쇄술이 발달하게 되었으며 몽골의 침입으로 초조대장경이 불타자 대장도감을 설치해 고려 대장경을 만들었다. 그러나 수많은 문화재가 몽골군의 침입으로 불타 사라졌다. 몽골의 침입과 간섭으로 민족이 위기에 처하자 민족의 얼을 지키기 위해서 《삼국유사》, 《제왕운기》 등의 역사책을 편찬했다.

1232년 몽골군의 침입으로 초조대장경이 불타 사라지다

1225년에 고려에 사신으로 보낸 몽골의 저고여가 피살된 사건을 빌미로 '살리타'라는 장수가 이끄는 몽골군이 1231년에 고려를 침략했고,

이듬해 1232년에 2차로 고려를 침략해 백성을 함부로 죽이고 전국 곳곳을 쑥대밭으로 만들었다.

이때 대구 부인사에 있던 초조대장경이 몽골군의 만행으로 불에 타 사라지고 말았다.

1234년 금속 활자로 인쇄한 《상정고금예문》을 간행하다

1236년 대장도감을 설치하여 고려 대장경을 만들기 시작하다

1236년 이규보가 《동국이상국집》을 짓다

1238년 황룡사와 황룡사 9층 목탑이 몽골의 침입으로 불타 사라지다

신라 진흥왕 때(553년) 세운 황룡사는 경주에서 규모가 가장 큰 사찰이었다.

선덕 여왕 때(645년) 황룡사 안에 세워진 황룡사 9층 목탑은 신라의 세 가지 보물 중 하나로

여러 차례 고쳐 지어 고려 시대까지 그 웅장한 모습을 유지해 왔다.

그러나 1238년에 몽골의 침입으로 황룡사와 9층 목탑이 모두 불타 사라지고, 현재는 터만 남아 있다.

1251년 고려 대장경이 완성되다

고려는 1236년에 대장도감을 설치해 다시 대장경을 만들기 시작하여 1251년에 드디어 새로운 대장경을 완성했다. 8만 개가 넘는 경판에 틀리거나 빠진 글자가 없고,

수천만 개의 글자가 명필 한 사람과 조각가 한 사람의 솜씨처럼 일정하고 정교하여 고려 시대 판각 기술의 우수성을 잘 나타내고 있다.

다시 만든 대장경이란 뜻으로 '재조 대장경'이라 부르고, 판이 8만 개나 되어 '팔만대장경'이라 부르기도 한다.

강화도성 서문 밖의 대장경 판당에 보관되어 있다가, 강화의 선원사로 옮겨졌고, 그 후 조선 초기에 서울의 서대문 밖 지천사로 옮겼다가, 다시 합천의 해인사로 옮겨 지금까지 보존되고 있다.

1260년 이인로가 지은 《파한집》이라는 문집을 간행하다

이인로는 고려 명종 때의 학자이다. 정중부가 무신의 난을 일으켰을 때 머리를 깎고 절에 들어가 난을 피한 후,

1180년에 문과에 급제하여 벼슬길에 올라 당시 학문이 높은 이름난 선비들과 어울려 무신 정권을 한탄하고, 비판하며 살았다.

이인로는 자신이 지은 시와 이름난 유학자들의 시화, 문담, 일화, 신라의 옛 풍속 및 개경과 서경의 풍물 등을 모아 엮었다.

이인로가 죽은 뒤, 1260년에 그의 아들이 이를 책으로 간행했다. 《파한집》이란 한가로움을 벗어나기 위해 지은 책이란 뜻이다.

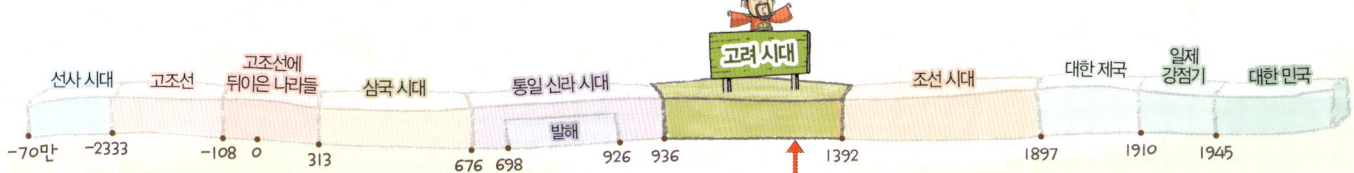

1274년 충렬왕이 몽골의 차림으로 귀국하다

1271년에 고려의 제24대 왕인 원종의 맏아들 태자 심이 원나라에 가서 원나라 세조 쿠빌라이의 딸 제국 대장 공주와 결혼했다.

1274년 원종이 죽자 태자 심은 고려로 돌아와 고려 제25대 왕인 충렬왕이 되었는데, 그는 귀국할 때 몽골 풍속에 따라 변발을 하고 몽골옷을 입었다.

이 모습을 본 고려 백성은 크게 놀라고 탄식했다.

"아니, 고려의 왕이 머리를 변발하고 몽골 차림을 하다니…."

"흑흑, 어쩌다 고려가 이 지경이 됐을까!"

또한 충렬왕과 함께 고려에 온 제국 대장 공주가 몽골 양식의 생활을 해, 고려 왕실에는 몽골의 풍속이 퍼졌다.

"여긴 고려 왕실이라고."

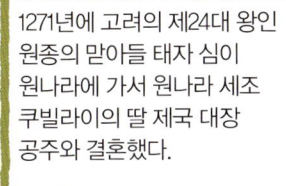

1285년 승려 일연이 《삼국유사》를 편찬하다

원나라의 침입과 간섭으로 민족이 위기에 처한 지금, 우리 민족의 얼을 지키기 위해서는 무엇보다 역사의식이 중요하지.

우리 민족이 처음 세운 고조선, 자주성과 문화적 우수성이 돋보인 삼국 시대의 역사를 책으로 엮어야겠구나!

일반 백성에게 우리 역사를 알리려면 신화와 설화, 전설과 향가도 넣어서 쉽고 재미있게….

충렬왕 때 일연이 5권 9편 144항목으로 이루어진 《삼국유사》를 엮었다.

왕조를 중심으로 일정한 틀에 맞춰 역사를 기록한 《삼국사기》와는 달리 일연은 관심 가졌던 역사적 사건을 자유롭게 기록했다.

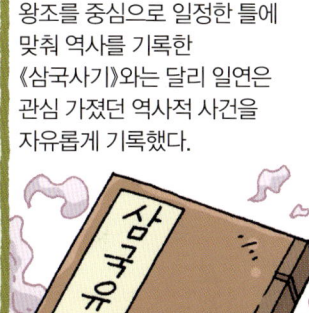

1287년 이승휴가 《제왕운기》를 편찬하다

일연처럼 우리 민족의 독자적이고도 우수한 역사와 문화를 나타내기 위해 이승휴도 역사책을 편찬했다.

《제왕운기》는 우리 민족의 역사를 제왕, 즉 임금을 중심으로 운(시)을 통해 기록한 책!

상, 하 권으로 나누어져 있는데, 상권에는 중국의 역사를, 하권에는 고조선에서부터 고려 충렬왕 때까지의 우리 민족의 역사를 기록했다.

《삼국유사》와 함께 단군 신화의 내용이 기록되어 있으며, 발해를 고구려를 계승한 나라로 인정하여 만주 일대도 고려의 영토였음을 나타내려 했다.

꼭 알아 두어야 할 '이 시대엔 이런 일들이'

무신 정권 최고 권력자가 된 최충헌이 교정도감을 설치했다.

몽골 사신 저고여가 고국으로 돌아가던 중 압록강 강변에서 살해당했다.

살리타가 이끄는 몽골군이 1차로 고려를 침략하다. 몽골은 고려의 40개 성에 '다루가치'를 두어 고려의 내정을 간섭했다.

도읍지를 강화도로 옮기다. 몽골군이 2차로 고려를 침략했다. 처인성 전투에서 김윤후가 이끄는 농민군이 몽골군에게 큰 승리를 거두었다.

최충헌 – 최우 – 최항 – 최이로 이어진 최씨 무신 정권이 막을 내렸다.

'정중부의 난'으로 시작된 무신 정권이 100년 만에 막을 내렸다.

'삼별초'가 몽골군과 고려 정부군에 대항하다가 1273년에 제주도에서 항복했다.

강화도에서 개경으로 다시 도읍지를 옮겼다.

고려 시대 Ⅳ와 조선 시대 Ⅰ
1301~1400년

고려가 100년 가까이 원나라의 지배를 받는 동안 고려에 원나라의 풍속이 유행했다. 또한 뛰어난 목조 건축물이 지어졌으며 화려한 청자 대신 소박한 분청사기와 백자가 유행했다. 고려가 멸망하고 조선 왕조가 들어서자 도읍지를 지금의 서울인 한양으로 옮기고 새로 궁궐을 짓는 등 나라의 기틀을 세웠다.

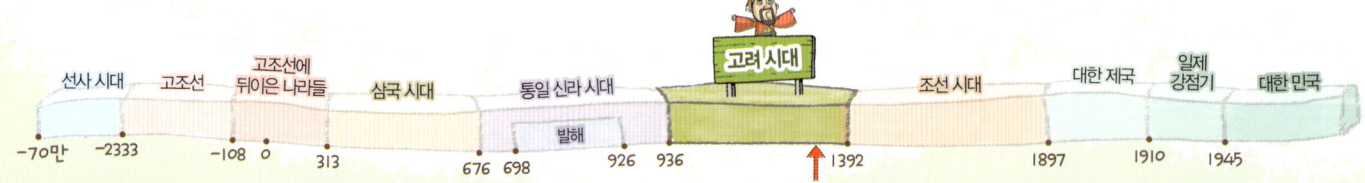

1308년 수덕사에 대웅전이 지어지다

지금의 충남 예산군 덕산면에 위치하고 있는 '수덕사'는 백제 후기에 지은 절이다.

수덕사에서 석가모니 불상을 모셔 놓은 대웅전은 건립 시기를 정확하게 알 수 있는 가장 오래된 목조 건축물이다.

나무로 지은 건축물이 700년 이상 보존되고 있다니!

수덕사 대웅전은 봉정사 극락전, 부석사 무량수전과 함께 고려인의 뛰어난 건축 솜씨를 잘 보여 주는 건축물이며,

백제의 목조 건축 양식을 이은 고려의 건축물이다. 건물 옆면의 장식 요소가 매우 아름답다.

1310년 숙창원비 김씨가 〈수월관음도〉를 그리게 하다

누가 더 아름답지?

1308년 충선왕의 후궁이 된 숙창원비 김씨는 1310년 화원에게 〈수월관음도〉라는 그림을 그리게 했다. 그리하여 김우문, 이계, 임순 등 8명의 화원이 비단 한 장에 높이 4미터 20센티미터, 폭 2미터 55센티미터의 〈수월관음도〉를 그렸다. 그 뒤 개경 부근의 사찰에 보관하다가 일본으로 건너갔고, 일본의 승려가 구입해 1391년에 '가가미신사'라는 절에 바쳤다고 한다. 섬세한 기법과 우아한 색의 조화가 뛰어난 회화 작품으로 2003년 미국 전시 때에는 '모나리자에 버금가는 작품'으로 평가받았다. 〈수월관음도〉는 《화엄경》의 내용 중 한 장면을 그린 불교 그림으로 자비로 중생들의 괴로움과 어려움을 도와주는 수월관음보살을 그린 것이다. 당시 고려의 불교 그림은 중국과 일본 등 주변 나라들로부터 큰 사랑을 받았다.

1350년 무렵 청자가 사라지고 분청사기와 백자가 유행하다

일본이 혼란한 시기를 겪자 생활이 어려워진 일본 백성이 해적이 되어 고려 해안 지방에서 노략질을 하기 시작했다.

1250년에는 경상도 지방의 백성이 해적에게 큰 피해를 입자, 조정에서는 해안 50리 이내에 백성이 살지 못하게 했다.

아무도 없네.

이로써 청자를 만들던 강진 가마와 부안 가마도 문을 닫고, 도공들은 전국으로 흩어졌다. 대신, 이때부터 분청사기와 백자가 유행했다.

분청사기는 청자에 백토의 분을 발라 다시 구워 낸 것이며 백자는 순백색의 바탕 흙 위에 투명한 유약을 발라 구운 자기이다.

청자는 귀족적이며 장식적인 분위기!

분청사기와 백자는 대중적이며 검소한 분위기!

1352년 공민왕이 원나라 풍속을 따라하는 것을 금지하다

1362년 국자감의 명칭이 성균관으로 바뀌다

1364년 문익점이 원나라에서 목화씨를 들여오다

1376년 부석사에 무량수전을 다시 짓다

지금의 경북 영주에 있는 부석사는 신라 문무왕 때인 676년에 의상 대사가 세운 절로 고려 때 건물을 새로 지었다.

그중에 무량수전은 '무량수불'로도 불리는 아미타여래불상을 모신 건물로 공민왕 때 불타 다시 지었지.

무량수전은 고려인의 뛰어난 건축 기술과 미적 감각을 엿볼 수 있는 건축물이며, 고대 사찰 건축의 양식과 구조를 연구하는 데 매우 중요한 건물이다.

건물 가운데보다 귀퉁이와 처마 끝을 더 튀어나오게 한 안허리곡! 건물 귀퉁이를 가운데 보다 높게 처리한 귀솟음!

1377년 최무선이 화통도감을 설치하다

왜구의 침입이 빈번할 때 최무선이 원나라 상인을 통해 화약 제조법을 배워 화약을 만드는 데 성공했다.

아싸, 성공!

외적을 물리치기 위해서는 화약과 화약을 이용한 무기를 만드는 전문 관청이 필요합니다.

정부에서는 화약을 개발한 최무선의 공로를 인정해 그의 건의에 따라 1377년에 '화통도감'을 설치했다.

그 뒤 화통도감에서는 '대장군', '이장군' 등의 총포류와 '주화' 같은 로켓 무기 등 18종 이상의 화약 무기를 만들어 왜구를 격퇴하는 데 큰 공을 세웠다.

1393년 개성에 내성과 남대문을 완공하다

1391년(공양왕 3년)에 황성(왕궁성)과 나성(개성 외곽을 둘러싼 성벽) 사이에 내성을 쌓는 공사를 시작했다.

그러나 자연재해 등으로 공사가 중지되었다가 1392년에 이성계의 강력한 요구로 공사가 다시 시작되어 1393년(조선 태조 2년)에 완공했다.

남대문, 동대문, 북대문, 북소문, 눌리문, 진언문 등 7개의 문이 만들어졌는데, 그중 정남쪽에 만들어진 남대문은 고려 말의 건축 기법을 잘 보여주는 건축물이다.

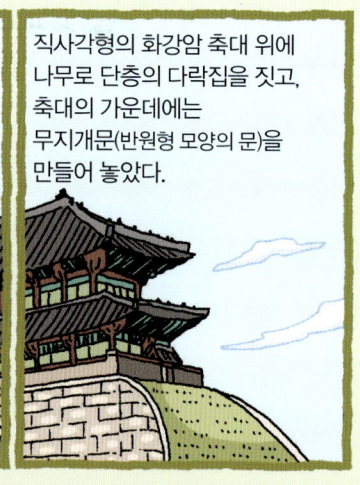

직사각형의 화강암 축대 위에 나무로 단층의 다락집을 짓고, 축대의 가운데에는 무지개문(반원형 모양의 문)을 만들어 놓았다.

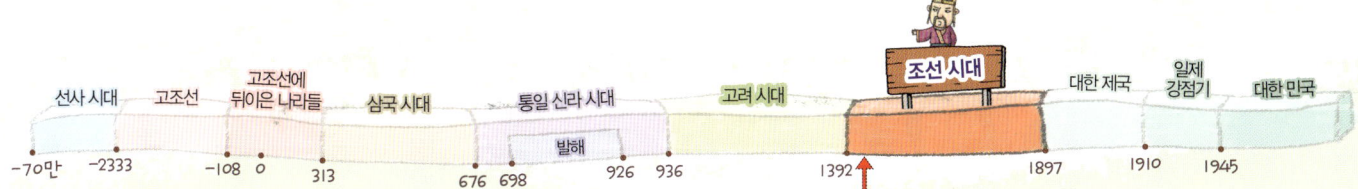

1394년 정도전이 《조선경국전》을 편찬하다

정도전	조선을 세우는 데 바탕이 된 근본 정신을 잘 정리해 새로운 법전을 만들어야 한다.

조선 왕조를 세우는 데 큰 공을 세운 정도전은 조선 왕조의 헌법이라 할 수 있는 《조선경국전》을 편찬했다.

"국가의 행정 조직은 치·부·예·정·헌·공 6전으로 나누고"

치전에서는 재상 중심의 통치와 관리 선발에 대해, 부전에서는 군현 제도와 호적 제도의 정비, 예전은 유교적 의례에 의한 관혼상제 실시,

치전 / 부전 / 예전

정전은 병농 일치와 둔전제 실시, 헌전은 형벌의 원칙, 공전에서는 사치 금지와 재정 낭비를 경계하는 내용이 실려 있다.

"짜임새 있군."

정전 / 헌전 / 공전

1395년 경복궁, 종묘, 사직, 육조거리가 조성되다

고려를 멸망시키고 조선을 세운 태조 이성계는 1394년에 나라의 수도를 개성에서 한양으로 옮겼다. 태조는 궁궐의 터(지금의 종로구 세종로)를 정한 뒤에 궁궐의 왼편으로는 '종묘(조선의 역대 임금과 왕비의 신위를 모신 사당)'를, 오른편에는 '사직(곡식의 신에게 제사를 드리는 곳)'을 세웠다.
그 다음으로는 왕과 왕비가 살고, 왕과 신하가 나랏일을 의논하고, 신하들이 일하는 곳인 궁궐을 세웠는데 그렇게 완성된 궁궐이 경복궁이다. 또한 경복궁의 정문인 광화문 앞길 양쪽으로 '육조거리'를 조성해 중앙 관청을 배치했는데, 동쪽에 의정부, 이조, 한성부, 호조, 기로소가 위치하고, 서쪽에 예조, 중추부, 사헌부, 병조, 형조, 공조 및 의영고와 사역원이 위치했다.

우리 역사 그림 연표 사회·문화편 113

꼭 알아 두어야 할 '이 시대엔 이런 일들이'

 1356년

원나라의 힘이 약해지자 공민왕은 원나라가 고려 정치에 간섭하기 위해 세운 '정동행성'과 철령 이북 지역을 통치하던 '쌍성총관부'를 폐지했다.

 1361년

홍건적이 10만의 무리를 이끌고 고려를 침략해 고려의 수도인 개경까지 점령했다. 이듬해 고려군이 홍건적을 크게 물리치고 이성계가 사병 2000명을 이끌고 홍건적을 토벌하는 데 큰 공을 세웠다.

1376년

최영이 충남 홍산에서 왜구를 크게 무찔렀다.

1380년

최무선이 화포를 사용해 진포에서 왜구의 배 500척을 격파했다.

 1391년

이성계 세력이 공양왕에게 '과전법'을 제정하여 선포하게 했다. 과전법은 농사를 지은 사람이 땅의 소유자인 귀족에게 수확한 곡식의 절반을 바치던 것을 10분의 1만 바치게 한 제도로, 농민들의 부담을 덜어 주었을 뿐 아니라 당시 귀족들의 경제적 기반을 무너뜨리고 조선 초기 신진사대부(양반 관료)의 경제의 기반이 되었다.

조선 시대 2

1401~1500년

조선은 태종 때 새로운 여러 제도들을 실시하며 나라의 기틀을 다지고 한양에 시전을 설치하는 등 상업의 발달을 꾀했다. 세종 때에는 집현전을 설치하여 학문을 발달시키고 한글을 창제하는 등 수준 높은 민족 문화를 이룩하였으며, 과학 기술이 놀랍게 발달했다. 성종 때에는 경국대전을 완성하고 반포하여 사회의 질서를 세웠다.

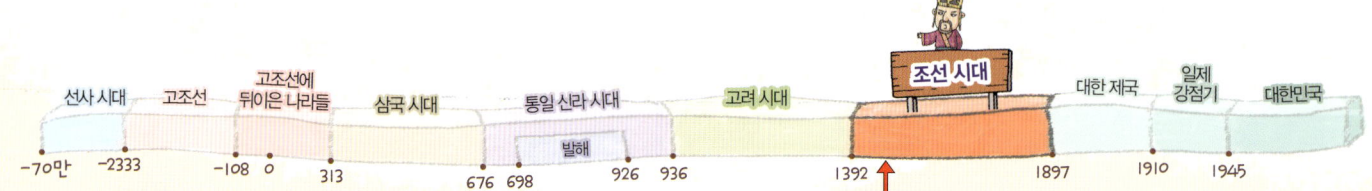

1403년 계미자를 주조하다

1412년 한양에 시전을 설치하다

조선의 제2대 왕인 정종은 한양에 시전을 세울 계획을 세웠다. 시전은 궁궐은 물론 한양에 사는 관리들과 많은 백성에게 생활에 필요한 물건을 공급하는 상가이다.

그러나 왕자의 난 등 잦은 정변으로 완성하지 못하다가 조선 제3대 왕인 태종 때 본격적으로 설치 계획을 세우고, 1412년부터 4차에 걸쳐 세웠다.
1차는 혜정교에서 창덕궁 사이에 800여 칸을, 2차는 창덕궁에서 정선동구 사이에 472칸을, 3차와 4차는 종루에서 경복궁, 창덕궁에서 종묘, 숭례문 근처에 1360칸을 지었다. 또한 시전을 관리하는 '경시서'라는 기관도 설치했다.

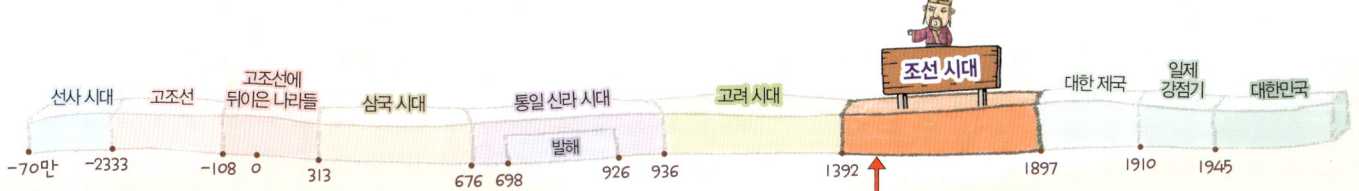

1413년 태종이 호패법을 실시하다

1429년 정초가 《농사직설》을 편찬하다

1434년 장영실이 자격루를 만들다

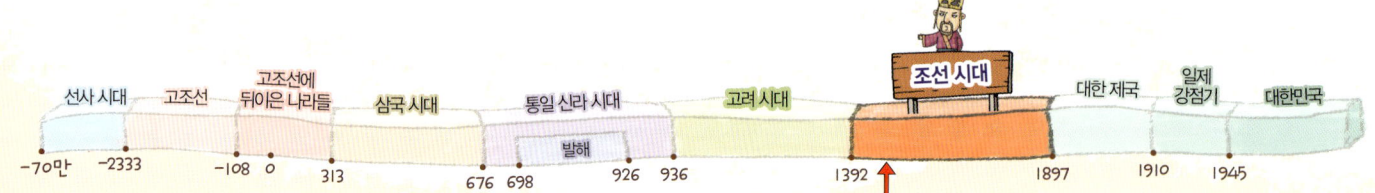

1441년 장영실이 세계 최초로 측우기를 발명하다

농사를 잘 짓기 위해 비가 어느 시기에 어느 정도 내리는지를 관측하는 것은 매우 중요한 일이었다. 세종 대왕 때 장영실은 비의 양을 재는 관측기구를 발명했는데 그 기구의 이름은 측우기이다. 돌로 만든 측우대 위에 대나무 통처럼 생긴 우량계를 올려 놓고, '주척'이라는 자를 측우기에 꽂아 고인 빗물의 높이를 쟀다. 측우기는 세계에서 최초로 만든 강우량 관측기구로 세종 때의 우수한 과학 기술을 나타내는 과학 기기 중의 하나이다.

1443년 세종 대왕이 훈민정음을 창제하다

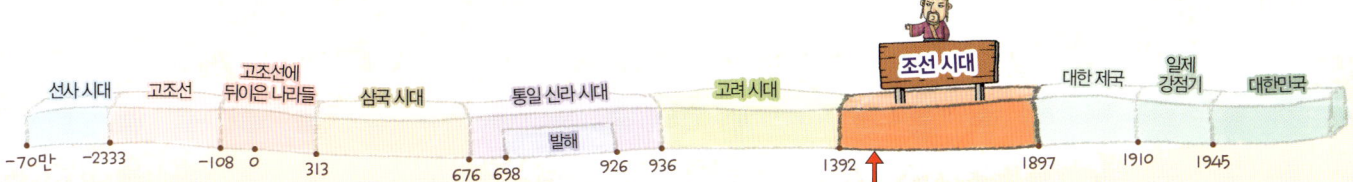

1451년 문종이 화차를 만들게 하다

20년간 세종을 보필하던 맏아들 향이 1450년에 세종에 이어 조선 제5대 왕인 문종이 되었다.

문종은 국방을 위해 힘썼고 《동국병감》이라는 전쟁 역사서를 편찬했다. 무기 개발에도 관심이 많아,

태종 때 최무선이 만든 화차를 고쳐 화차를 만들었다. 이때의 화차는 신기전 같은 화살을 연달아 발사할 수 있었다.

화차는 왜란 때 왜군을 격퇴하는 데 큰 힘을 발휘했다.

1474년 도화원의 명칭이 도화서로 바뀌다

도화서에는 화원을 양성하고 나라의 그림을 그리는 일을 담당했다.

처음에는 도화원으로 불리다 성종 때 이름이 바뀌었다. 도화원의 '도(圖)'는 글이나 책의 내용을 풀이한 그림을 말하며,

관원들이 입는 복식, 왕실에서 사용하는 도자기나 그릇의 장식 그림, 수레나 도량형기의 실물 그림, 각종 의례에 관련된 그림 등을 그렸다.

'화(畫)'는 왕실의 초상화와 같은 인물화, 산수화, 화조화 등의 회화를 뜻한다.

1493년 《악학궤범》을 완성하다

성종의 명을 받들어 당시 예조 판서였던 성현이 중심이 되어 《악학궤범》이라는 음악 책을 편찬했다.

가사에 대한 내용을 중심으로 엮은 음악 책이 《악장가사》, 곡조를 중심으로 만든 음악 책이 《시용향악보》, 그렇다면 《악학궤범》은?

《악학궤범》은 음악의 이론과 제도 및 악보에 쓰이는 규범 등에 관한 내용을 엮은 책이다.

궁중 의식에서 연주하던 아악, 당악, 향악에 관한 사항을 설명하고, 악기, 의상, 무대 장치, 음악 이론 등을 자세히 적었다.

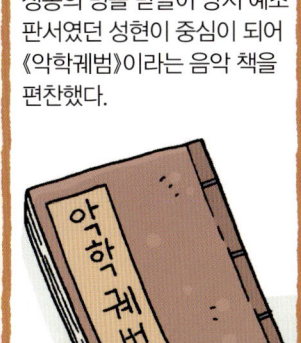

꼭 알아 두어야 할 '이 시대엔 이런 일들이'

1401년

태종이 종이돈인 '저화'를 발행했다.

1420년

세종이 집현전을 설치했다.

1433년

역법(시간을 구분하고 날짜의 순서를 매겨 나가는 방법)을 다룬 《칠정산 내외편》을 편찬하고 혼천의를 만들었다.

1434년

장영실, 이천, 김조 등이 앙부일구를 제작했다.

1442년
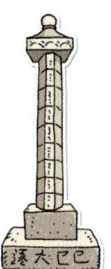
하천의 물높이를 측정하기 위해 청계천에 수표를 설치했다.

1446

훈민정음을 반포했다.

1453년
수양대군이 '계유정난'을 일으켜 권력을 차지했다.

1454년

《세종실록지리지》를 편찬했다.

1481년

서거정 등이 지리서인 《동국여지승람》 50권을 편찬했다.

1494년

성종이 조선의 기본 법전인 《경국대전》을 완성하여 반포했다.

조선 시대 3

1501~1600년

유학을 국가 통치의 근본 이념으로 삼은
조선은 유학을 공부하는 사설 교육 기관인 서원을 세웠으며 이황과 이이를 중심으로 '성리학'이 크게 발달했다. 그러나 일본의 침략으로 임진왜란이 일어나 국토는 황폐해졌고 백성은 큰 고통을 겪었다. 이때 일본은 조선의 수많은 문화재를 약탈해갔으며 조선의 도공을 포로로 끌고 가 일본의 도예 문화를 발달시켰다.

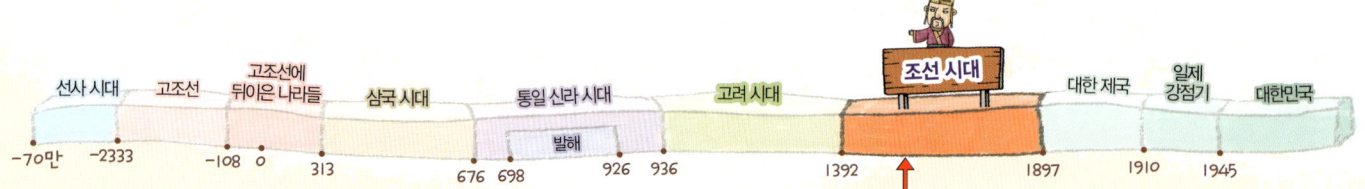

1525년 진휼청을 설치하다

조선 초기에는 호조의 판적사에서 가난한 백성을 도와주던 업무를 담당했으나 판적사의 업무가 점점 많아지자,

세종 때 따로 상평창을 두어 곡물의 가격을 조절하고 흉년에 가난한 백성을 구제할 구황청을 임시로 설치했다.

1524년(중종 19년)에 심한 흉년이 들자 이듬해에 구황청을 '진휼청'으로 바꿔 관청에서 남은 곡식을 모아 가난한 백성에게 주었다.

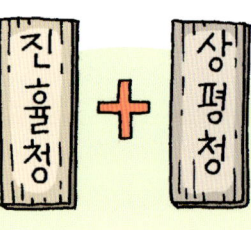
그 뒤, 진휼청은 상평청과 합쳐져 흉년에는 백성에게 곡식을 꿔 주거나 가난한 백성을 도와주는 업무를, 평상시에는 물가 조절 업무를 맡았다.

1527년 최세진이 《훈몽자회》를 편찬하다

아이들이 한자를 익히기 쉬운 책이 있으면 좋을 텐데…. 《천자문》은 어려운 말이나 추상적인 내용이 많아 아이들에게 적당하지 않아!

역관으로 중국어에 능통했던 최세진은 어린이를 위한 한자 학습서를 만들었다.

이 책은 한자 3360자를 각 글자마다 훈민정음(한글)으로 그 음과 뜻을 표기하고 풀이했다.

또한 최세진은 중국어 학습서인 《노걸대》와 《박통사》도 훈민정음으로 발음을 표기하고 번역했다.

1543년 주세붕이 백운동 서원을 세우다

1541년에 풍기 군수로 부임한 주세붕이 이듬해인 1542년에 고려 때 유학을 중흥시킨 안향을 기리는 사당을 백운동(지금의 경북 영주시)에 세웠다.

주세붕은 다시 이듬해인 1543년에 백운동에 유학을 공부하는 사설 교육 기관인 백운동 서원을 세웠다.

1550년 이황이 풍기 군수로 부임해 왕에게 인재 교육을 위해 큰 역할을 하는 백운동 서원에 편액과 책 등을 내려줄 것을 건의하자, 왕은 〈소수 서원〉이라는 이름을 지어 편액을 내렸다.

그리하여 소수 서원은 우리나라 최초의 사액 서원*이 되었다.

※ 사액 서원 : 조선 시대 왕에게 편액, 책, 토지, 노비 등을 받아 그 권위를 인정받은 서원.

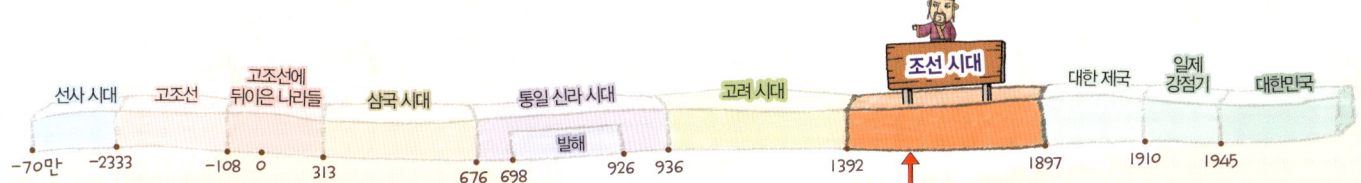

1561년 이지함이 토정비결을 짓다

1568년 이황이 《성학십도》를 지어 왕에게 올리다

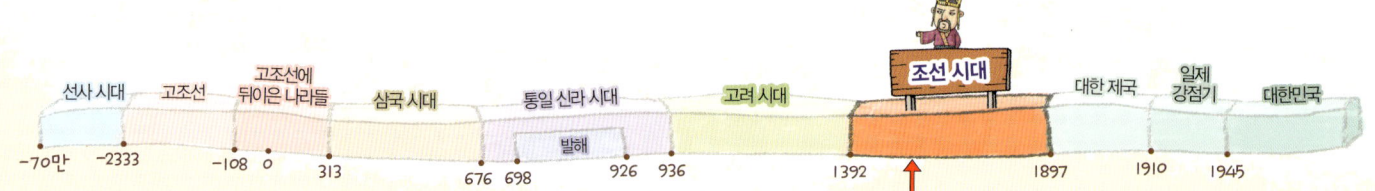

1574년 이황의 학덕을 기리는 도산 서원이 세워지다

이황은 여러 관직을 거친 뒤에 고향(경상북도 안동)에 내려가 서당을 짓고 학문을 연구하며 인재를 길렀다. 그 서당의 이름이 도산 서당이다.
이황이 세상을 떠난 지 4년 뒤 그의 제자들과 그의 학문을 따르는 선비들이 이황을 기리기 위해 도산 서당 뒤편에 도산 서원을 세웠다.
다음 해에 도산 서원은 선조로부터 명필 한석봉이 직접 쓴 현판을 받아 사액 서원이 되었다.

1575년 이이가 《성학집요》를 지어 왕에게 올리다

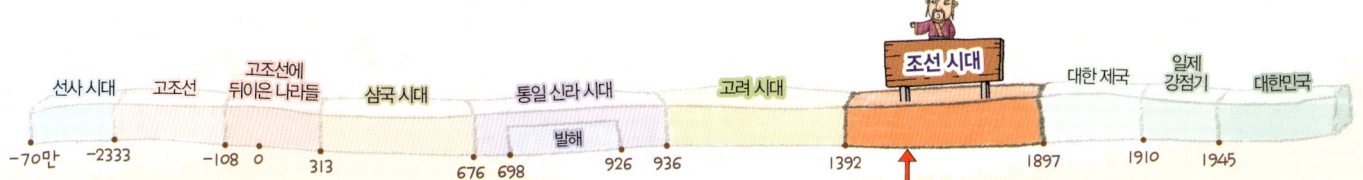

1577년 율곡 이이가 황해도 해주에 향약을 만들다

율곡 이이는 관직에서 물러나 황해도 해주에 '청계당'을 짓고 제자들을 가르치고 《격몽요결》을 지었다.

또한 해주에 향약을 만들어 실시했다. 향약은 지방의 질서 유지와 상호 협조를 위해 만든 유교적인 규약이다.

그 내용은 ① 덕업상권(좋은 일은 서로 권한다) ② 과실상규(잘못은 서로 규제한다)

③ 예속상교(좋은 풍속은 서로 교환한다) ④ 환난상휼(어려운 일을 당하면 서로 돕는다)이다.

1580년 정철이 〈관동별곡〉을 짓다

서인이었던 정철은 1578년(선조 11년) 승지에 올랐으나 동인의 공격을 받아 사직했다가,

1580년부터 3년 동안 강원도 관찰사를 지내며 관동 지방의 산수와 풍경, 풍속 등을 노래로 엮은 〈관동별곡〉을 지었다.

가사는 시가와 산문의 중간 형태의 문학이야. 조선 초기에 생긴 3·4조나 4·4조를 기본으로 한 비교적 긴 시가의 한 형식이지.

정철은 〈사미인곡〉, 〈속미인곡〉, 〈성산별곡〉 등의 가사를 지어 가사 문학의 발달에 큰 역할을 했다.

1592년 이장손이 비격진천뢰를 발명하다

왜군을 물리칠 특별한 신무기를 개발해야지. 폭발 시간을 조정할 수 있는 폭탄이 어떨까?

임진왜란 때 군기시(병기의 제조 등을 관장한 관청)에서 총, 포, 화약을 만드는 일을 맡은 화포장 이장손은 '비격진천뢰'를 개발했다. 지름 21센티미터의 쇠공으로.

'대완구'라는 화포를 사용해 발사했는데, 500~600보 밖에 떨어지고, 잠시 뒤에 터졌다.

경상좌도병마사 박진은 비격진천뢰를 이용해 경주 싸움에서 큰 승리를 거두었다.

꼭 알아 두어야 할 '이 시대엔 이런 일들이'

1504년

연산군이 어머니 윤씨가 폐비가 된 일과 관련 있는 신하들을 죽이는 '갑자사화'를 일으켰다.

1506년

중종이 반정을 일으켜 연산군을 몰아내고 왕위에 올랐다.

1519년

조광조와 사림파 인물들이 화를 입은 '기묘사화'가 일어났다.

1555년

왜구들이 70여 척의 배로 전남 연안 지방에 침입하는 '을묘왜변'이 일어나다.

1559년

임꺽정이 산적 무리를 모아 황해도에서 활동했다.

1579년

사림파가 동인과 서인으로 나뉘어 분쟁을 일으켰다.

1591년

황윤길, 김성일 등이 조선 통신사로 일본에 다녀와 서로 다른 내용을 보고였다.

1592년

일본이 20만의 군사를 끌고 조선을 침략한 임진왜란이 일어났다.

1597년

일본이 다시 조선에 침략하는 '정유재란'이 일어났다.

조선 시대 4

1601~1700년

임진왜란이 끝난 지 얼마 지나지 않아 다시 청나라가 조선을 침략하는 전쟁을 일으켜 백성의 생활은 더욱 어려워졌다. 이 시기에 천주교와 서양 문물이 들어오고 실용적인 학문인 실학이 등장했다. 상평통보라는 금속 화폐가 전국에 널리 유통되었으며, 한글 소설이 발표되어 고대 소설의 발달에 큰 영향을 미쳤다.

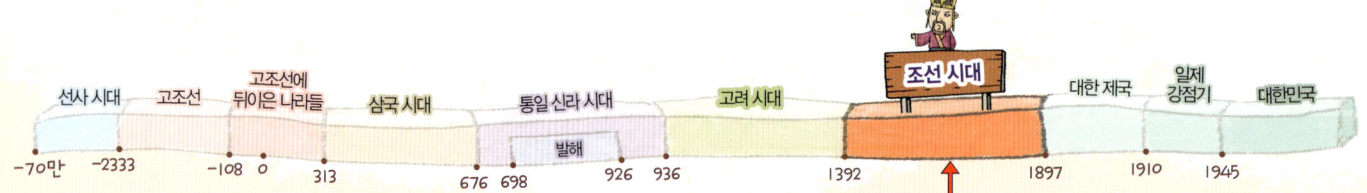

1607년 허균이 우리나라 최초의 한글 소설 《홍길동전》을 짓다

《홍길동전》은 우리나라 최초의 한글 소설로 당시 사회 제도의 모순을 비판한 소설이다.

서자 출신인 홍길동이 활빈당을 조직해 탐관오리들의 재물을 빼앗아 가난한 백성을 돕고 이상적인 나라를 건설한다는 내용이다.

허균은 광해군의 신임을 얻어 좌참찬이라는 벼슬까지 올랐으나 반역을 꾀했다는 모함을 받고 처형되었다.

한편, 세조 때(1465년 무렵) 생육신의 한 사람인 김시습은 우리나라 최초의 한문 소설 《금오신화》를 지었다.

1608년 광해군이 대동법을 처음으로 실시하다

백성에게 거둬들인 조세 중 '공납'은 집집마다 지역의 특산물을 일정량 국가에 바치게 한 제도였다.

그런데 상인이나 관원이 백성 대신 공물을 구해 바치고, 백성에게 큰 이자를 붙여 그 대가를 챙겼다. 이를 '방납'이라고 한다.

그러자 공납과 방납으로 생긴 빚으로 농사를 포기하고 고향을 떠나는 백성이 늘어났다.

나라의 수입이 크게 줄어, 공납을 특산물 대신 쌀로 내게 하는 '대동법'이라는 제도를 광해군이 즉위하여 경기도 지역부터 실시했다.

1610년 허준이 의학 책 《동의보감》을 편찬하다

선조와 광해군의 어의를 지냈던 허준이 중국과 우리나라의 의학 책을 모아 《동의보감》을 편찬했다.

총 25권으로 한의학의 모든 분야를 체계적으로 정리했으며

인체의 구조와 원리, 각종 병에 관한 효과적인 치료법을 자세히 설명했다.

읽는 사람이 쉽고 편리하게 병을 알아내고 처방할 수 있도록 되어 있어, 현재에도 많은 한의사가 읽는 한의학의 교과서이다.

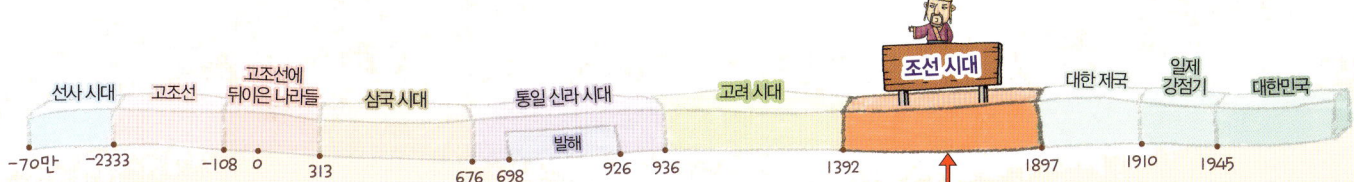

1614년 이수광이 《지봉유설》을 편찬하다

조선 실학의 선구자인 이수광은 사신으로 세 차례나 중국 명나라에 다녀와 보고, 듣고, 배우고!

《지봉유설》이라는 백과사전과 같은 책을 편찬했다. 내 호는 '지봉'

《지봉유설》은 조선은 물론, 안남(베트남), 유구(오키나와), 섬라(태국), 자바, 프랑스, 영국 등 유럽 국가들에 대한 정보를 소개한 책이다.

《지봉유설》을 통해 조선에는 천주교와 서양 문물이 소개되어 당시 백성은 새로운 세계관과 인생관에 눈을 떴다.

1645년 소현 세자가 천주교 서적과 과학 기기 등을 가지고 청나라에서 돌아오다

병자호란 때 인조의 큰아들인 소현 세자가 청나라에 인질로 끌려갔다. 소현 세자는 청나라에 머무르며 독일인 신부 '아담 샬'로부터 서양의 과학과 학문, 종교에 대해 배웠고, 청나라의 실용적인 학문과 앞선 과학 기술을 들여와 조선을 개혁하고, 나라의 힘을 키우려는 다짐을 했다.

9년이 지나 소현 세자는 천문학, 수학, 천주학에 관한 책들, 지구의, 망원경, 화포 같은 과학 기기들을 가지고 귀국했다. 그러나 인조는 청나라를 원수의 나라로 생각하고 청나라 사람들과 친하게 지낸 소현 세자의 생각과 행동을 못마땅하게 여겼다. 그리고 소현 세자가 청나라에서 가져 온 모든 물건을 불태웠다. 인조와 신하들의 냉대 속에 소현 세자는 귀국한 지 두 달 만에 병을 얻어 몸져누웠고 병상에 누운 지 3일 만에 세상을 떠났다.

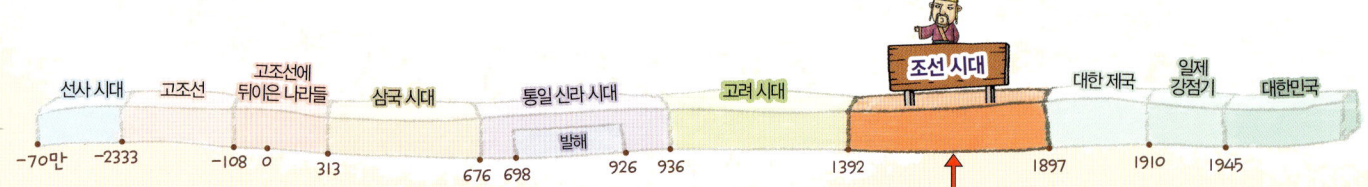

1655년 추쇄도감을 만들어 도망 간 노비를 잡아들이다

1666년 하멜이 《하멜 표류기》를 쓰다

1652년에 네덜란드 동인도 회사 소속의 상선이 네덜란드를 출발해 바타비아(지금의 인도네시아 수도 자카르타)와 타이완을 거쳐 일본 나가사키로 항해하던 중 폭풍을 만나,

1653년(효종 4년)에 하멜을 포함한 선원 36명이 바다에 표류하다 제주도에 상륙했다.
하멜과 그 일행은 서울로 압송됐고, 그 뒤로 훈련도감에 속해 조선에 살게 되었다.

1666년 9월, 하멜과 동료 8명은 밤에 탈출하여 일본을 거쳐 1668년(현종 9년) 7월 네덜란드로 돌아갔다.

하멜은 조선에서 살았던 13년 동안의 생활과 조선의 지리, 풍속, 정치, 군사, 교역 등을 기록한 《하멜 표류기》를 써서 서양에 조선의 모습을 알렸다.

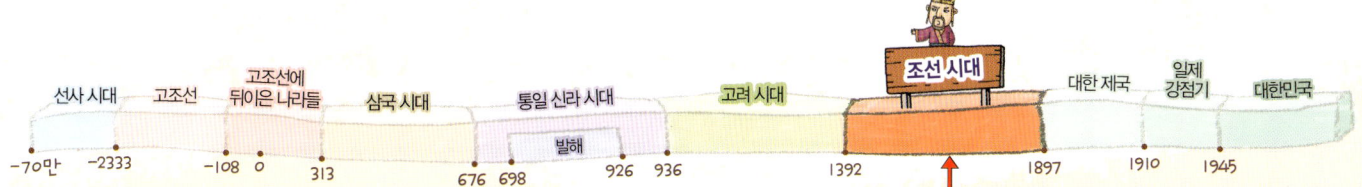

1669년 송이영이 혼천 시계를 제작하다

1437년 세종 때 혼천의에 물시계를 기능을 결합한 천문 시계인 혼천 시계를 만들었다.

임진왜란 때 혼천 시계가 불타 사라지자 1657년에 '최유지'가 물로 움직이는 천문 시계를 만들었다.

1669년 송이영은 혼천의에 서양식 자명종을 결합한 혼천 시계를 제작했다.

이 시계는 서양 자명종의 원리에 조선 자격루의 원리를 합쳐 만든 것으로 추와 진자를 사용한 동아시아 최초의 기계식 천문 시계이다.

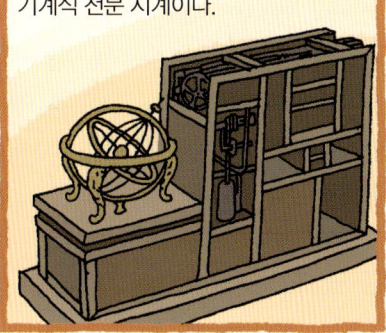

1678년 금속 화폐 상평통보가 전국적으로 유통되다

임진왜란과 병자호란을 겪으며 전국의 땅이 황폐해졌고 농민의 수가 크게 줄어들어 나라의 경제는 크게 어려워졌다.

이에 김신국과 김육 등이 금속 화폐를 유통할 것을 건의하여, 나라에서 상평청을 설치하고 '상평통보'라는 금속 화폐를 만들었다.

상평통보는 '널리 통용되는 보배'라는 뜻으로 모양은 둥글며, 가운데는 정사각형의 구멍이 뚫려 있고, 앞면의 좌우상하에 상평통보(常平通寶)라는 한자가 쓰여 있다.

1634년부터 일부 지역에서만 사용하던 상평통보가 1678년에는 전국에 유통되었다.

1689년 김만중이 《구운몽》을 짓다

현종, 숙종 때의 문신인 김만중은 효성이 지극한 인물이었다. 당쟁에 휘말려 유배 생활을 하던 중, 어머니를 위해 장편 소설을 썼는데, 그 소설이 바로 《구운몽》이다.

《구운몽》은 주인공 성진이 양소유라는 사람으로 다시 태어나, 8선녀였다가 사람으로 태어난 8명의 여인과 인연을 맺고,

부귀영화를 누리다 깨어 보니 모든 것이 꿈이었다는 이야기로, 부귀영화가 한낱 꿈에 지나지 않는다는 것을 깨우쳐 주는 내용이다.

《구운몽》은 한문본과 한글본이 모두 전하며 고대 소설 중 아주 뛰어난 작품으로 손꼽힌다.

꼭 알아 두어야 할 '이 시대엔 이런 일들이'

1608년

광해군이 왕위에 올랐다.

1623년

'인조반정'으로 광해군이 왕위에서 쫓겨나고 인조가 왕위에 올랐다.

1627년
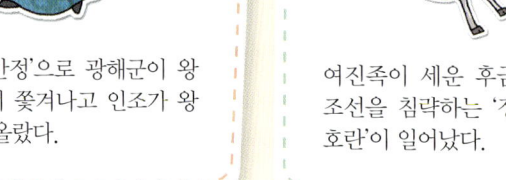
여진족이 세운 후금이 조선을 침략하는 '정묘호란'이 일어났다.

1636년

나라 이름을 청나라로 바꾼 후금이 다시 조선을 침략하는 '병자호란'이 일어났다.

1659년

서인과 남인들 사이에 제1차 상복 논쟁이 벌어졌다.

1674년

제2차 상복 논쟁이 벌어졌다.

1680년

숙종이 서인을 편들고 남인을 내쫓는 '경신환국'이 일어났다.

1689년

숙종이 조정에서 서인들을 내쫓고 남인들을 등용하는 '기사환국'이 일어났다.

1693년

안용복이 울릉도와 독도를 일본에게 조선의 영토로 인정받았다.

1694년

서인이 등용되고 남인이 내쫓기는 '갑술환국'이 일어났다.

조선 시대 넷

1701~1800년

백성의 고통을 덜어 주기 위해 대동법과 균역법이라는 조세 제도가 실시되었으며, 백성의 생활에 도움을 주는 실용적인 학문인 실학과 함께 서양 문물과 사상이 전해졌다. 영조와 정조 때에 사회와 경제가 안정되고 상업이 발달해, 살림이 넉넉한 상인이나 평민이 생겨나 서민 문화가 발달했다. 정조는 규장각을 설치해 학문을 크게 발달시키고 조선의 문화적 부흥기를 이루었다.

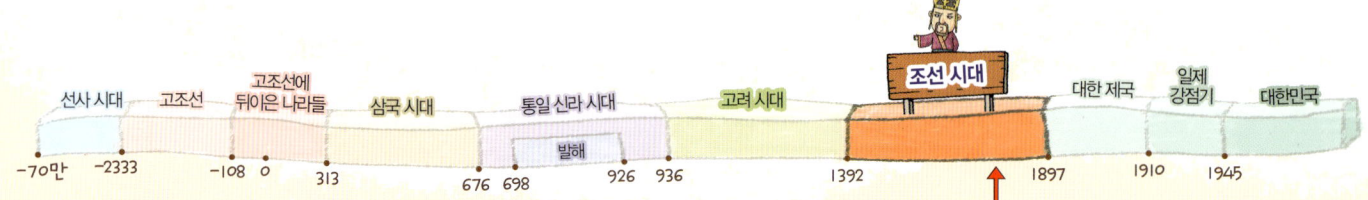

1727년 김천택이 시조집 《청구영언》을 엮다

평민 출신으로 숙종 때 포교(지금의 경찰관)를 지낸 김천택은 창하는 솜씨가 뛰어났으며 시조도 잘 지었다.

그는 같은 평민 출신인 김수장과 함께 고려 말부터 당시까지의 시조를 모아, 《청구영언》이라는 시조집을 엮었다.

《청구영언》은 현재 전하는 시가(시조와 가사)집 중에 편찬 연대가 가장 오래된 것이다.

김수장이 엮은 《해동가요》, 박효관과 그의 제자 안민영이 편찬한 《가곡원류》와 함께 3대 가집(시가를 모아 엮은 책)으로 꼽힌다.

1750년 균역법을 실시하다

중종 때부터 군대에 가는 대신 1년에 옷감 2필을 바치는 것으로 '군역'을 지도록 했다.

조선 후기에 돈이 있는 사람들은 관리에게 뇌물을 주고 군역을 면제 받았고, 가난한 백성만 군역을 지게 되었다.

군역의 부담이 커지자 많은 백성이 군역을 피해 농촌을 떠났고, 백성이 세금을 내지 않으니 나라 살림은 어려워졌다.

영조는 균역청을 설치하여 군역을 군포 2필에서 1필로 줄이는 '균역법'을 시행했다.

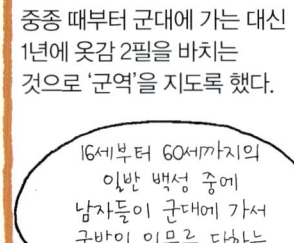

1753년 이중환이 《택리지》를 편찬하다

실학자인 이중환은 우리나라의 지리적 환경과 각 지역의 경제, 생활, 풍속을 자세히 조사한 뒤에 《택리지》라는 책을 지었다.

전국의 지리와 지방의 특성을 출신 인물과 연결해 기록하면 좋겠군! 사람들이 살기 좋은 곳의 입지 조건도 설명하고.

《택리지》는 우리나라 사람이 저술한 지리서이며, 실생활에서 유용하게 쓰이도록 만들어졌다.

또한 근대 한국의 지리학과 사회학에 지대한 영향을 준 지리서로 오늘날 외국에서도 그 가치를 높이 평가하고 있다.

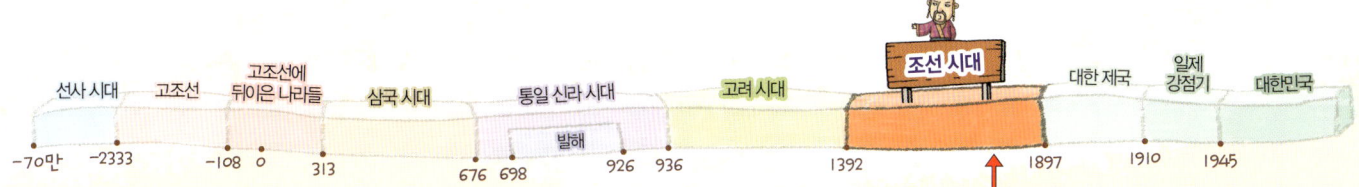

1760년 역대 임금의 말과 행동을 《일성록》에 기록하다

1760년(영조 36년) 정조는 세손 시절부터 자신을 둘러싼 조정의 일들을 일기로 기록하기 시작했다.

정조는 왕위에 오른 지 3년 후(1779년)에는 규장각을 설치하고 관리에게 왕이 조정에서 행한 갖가지 일을 기록하게 했다.

《일성록》은 바른 정치를 위해 왕이 날마다의 생활을 반성하고, 국정을 파악하는 데에 중요한 역할을 했다.

《조선왕조실록》, 《승정원일기》와 더불어 조선 시대의 대표적인 연대기이며, 유네스코 세계기록유산으로 등록되어 있다.

1766년 홍대용이 《의산문답》을 쓰다

조선의 실학자로 북학파의 선구자였던 홍대용은 사회 제도의 개혁뿐 아니라 천문과 과학, 수학 등에 큰 관심이 있었다. 나경적과 함께 혼천의와 서양식 자명종을 만들었고, 직접 '농수각'이라는 사설 천문대를 만들어 천문 관측을 하기도 했다.

《의산문답》이라는 책을 통해 '지구는 둥글고 스스로 돌며 낮과 밤을 만든다'는 주장을 했다. 홍대용의 주장은 당시 동아시아에서는 매우 독창적이고 개혁적인 것이었다. 또한 자신이 연구한 과학에 대한 내용을 15권의 책으로 엮었는데, 그 책이 《담헌서》이다. 또한 서양의 수학과 천문학, 천문 기구를 직접 연구한 결과를 토대로 《주행수용》이라는 수학책을 썼다.

우리 역사 그림 연표 사회·문화편 135

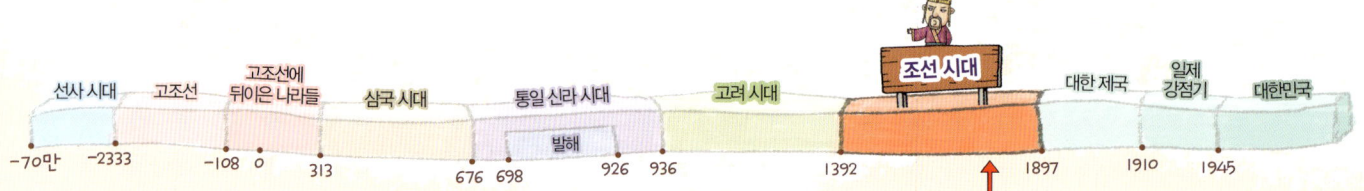

1776년 정조가 규장각을 설치하다

1780년 박지원이 《열하일기》를 짓다

1781년 김홍도가 정조의 초상화를 그리다

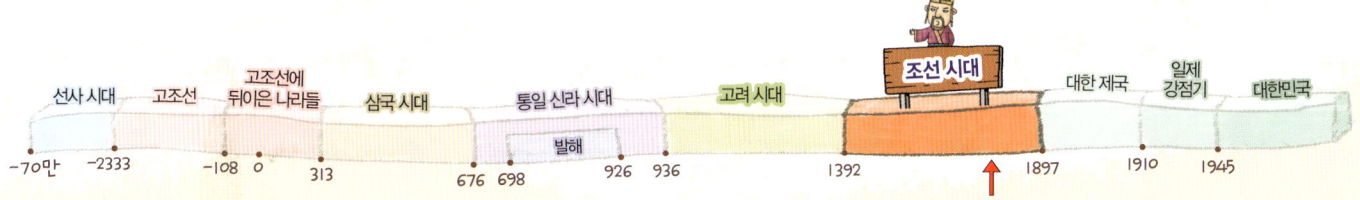

1784년 이승훈이 연경에서 영세를 받다

이승훈은 1780년에 진사 시험에 합격했으나 벼슬을 단념하고 서학을 공부했다. 서학은 천주교를 비롯한 서양의 사상과 문물을 말한다.

그 뒤, 1783년에 동지사의 서장관인 아버지를 따라 사신 일행과 함께 청나라의 수도인 베이징에 가게 되었다.

이때, 예수회 선교사에게 교리를 배운 뒤 프랑스 예수회 출신의 장 그라몽 신부로부터 영세를 받아 한국인 최초로 가톨릭 영세자가 되었다.

베이징에서 귀국하면서 가톨릭 서적, 십자가상, 묵주, 상본 등을 가져온 이승훈은 명례방(지금의 명동)에 있는 김범우의 집에서 모임을 갖고, 이벽, 권철신 등에게 영세를 주었다.

1796년 수원 화성을 완공하다

1789년 정조는 경기도 양주 배봉산에 있던 아버지 사도 세자의 묘소를 수원 관아가 있는 곳으로 옮기고, 수원 관아는 팔달산 주변으로 옮겨 지었다. 그곳에 살던 백성도 팔달산 주변 지역으로 이사하게 했다.
1793년에는 수원 관아에 교육 기관인 향교, 교통·통신 기관인 역참, 상업 시설인 상가와 도로, 다리 등의 공공시설을 마련했으며 '장용영'이라는 국왕의 호위 군대를 두었다.

그 뒤 수원을 방어하는 화성을 쌓는 공사를 하고, 정약용의 건축 설계, 채제공의 총감독, 조심태의 공사 지휘로 2년 9개월 만인 1796년 9월에 화성을 완공했다.

우리 역사 그림 연표 사회·문화편 **137**

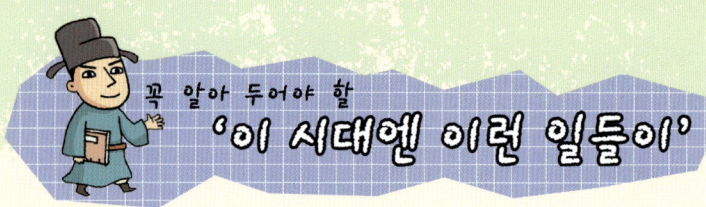

평안도와 함경도를 제외한 전국에서 대동법이 시행되었다.

북한산성을 대대적으로 고쳐 쌓아 한양의 수비를 강화하고, 백두산 정상에 정계비를 세워 국경선을 확정했다.

영조가 조정에서 소론을 내쫓고 노론을 불러들이는 '을사처분'을 단행했다.

영조가 다시 노론을 멀리하고 소론 세력을 조정에 불러들이는 '정미환국'을 벌였다.

영조가 한쪽 편에 치우치지 않고 정치를 한다는 의지로 성균관 입구에 '탕평비'를 세웠다.

영조의 맏아들인 사도 세자가 영조의 명령으로 뒤주에 갇혀 죽음을 맞았다.

정조는 육의전 이외의 다른 시전들의 금난전권을 폐지하고 상인들이 자유롭게 상업 활동을 할 수 있게 했다.

청나라 신부인 주문모가 비밀리에 조선에 들어왔다.

조선 시대 6과 대한제국 1

1801~1900년

조선에 서구 열강의 세력이 들어오면서 개화와 근대화의 물결이 들이닥쳤다. 조선은 외국의 새로운 문물을 받아들이며 근대화를 이루어 나갔으며 어수선한 정치 상황 속에서 대한 제국으로 국가의 이름을 바꾸고 근대적인 국가의 모습을 갖추려 했다. 서양식 근대 시설과 교육 기관을 세웠으며 양반 제도와 노비 제도가 폐지되어 신분제 사회의 모습이 사라지고 근대화된 새로운 사회의 틀을 갖추었다.

1801년 신유박해가 일어나 천주교도가 죽음을 당하다

1816년 김정희가 북한산 순수비를 해독하다

1818년 정약용이 《목민심서》를 짓다

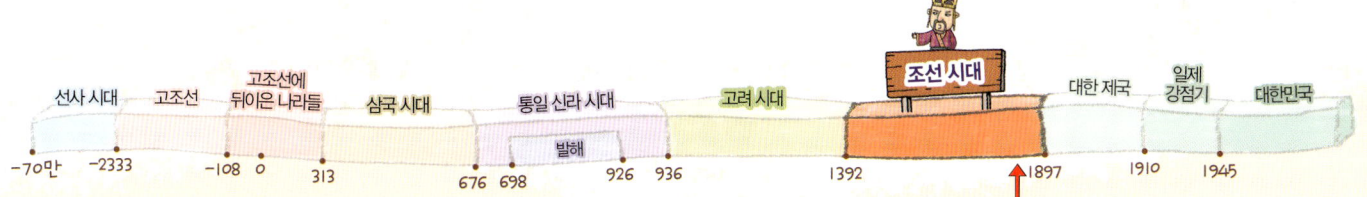

1845년 김대건이 한국인 최초의 신부가 되다

독실한 가톨릭 집안에서 태어난 김대건은 1836년(헌종 2년) 프랑스 신부인 모방에게 세례를 받고 청나라로 건너갔다.

그곳에서 서양 학문과 프랑스어, 중국어, 라틴 어를 배우고 1845년 홀로 귀국하여 천주교의 확장을 위해 애썼다.

다시 상하이로 건너간 김대건은 금가항 신학교에서 한국인 최초로 신부가 되었다. 그 뒤, 고국에 잠입하여 전국 곳곳을 돌아다니며 비밀리에 신도들을 격려하고 전도했다.

1846년 선교사의 입국과 선교부와의 연락을 위한 비밀 항로를 개설하려고 백령도 부근을 답사하다가 체포되어 26세의 나이에 순교했다.

1860년 최제우가 동학을 창시하다

최제우는 어지러운 세상을 구원하고 고통받는 백성을 구제할 뜻을 품고 도를 닦았다. 그러나 큰 깨달음을 얻어 새로운 종교를 창시했다. 그것이 바로 동학이다.

전통적인 풍수 사상과 유교, 불교의 교리를 토대로 '인내천(사람이 곧 하늘이다)' 사상을 내세우고 만민 평등의 사회를 구현하려 했다.

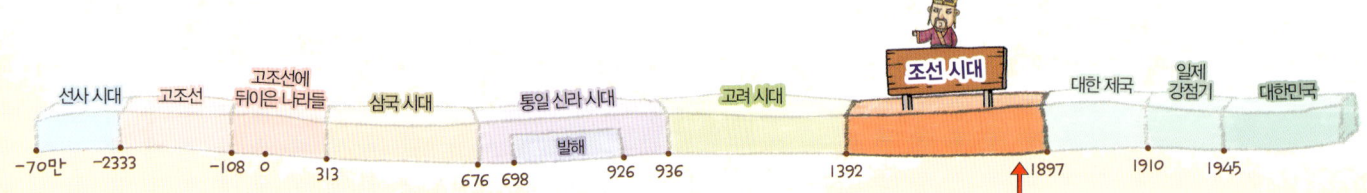

1861년 김정호가 〈대동여지도〉를 펴내다

김정호는 평민 집안에서 태어나 일생을 정밀한 지도와 지리서를 만드는 일에 바쳤다. 30여 년 동안 전국을 돌아다니다가 1834년에 〈청구도〉 2첩을 완성했으며 이후 1857년에 전국 채색 지도인 〈동여도〉와 1861년에 〈대동여지도〉를 완성해 목판에 새겼다.
〈대동여지도〉는 조선에서 만든 지도 가운데 가장 정확한 지도로 가로 약 20센티미터, 세로 약 30센티미터의 조각 22첩을 이어 만든 지도이다. 산맥과 하천의 흐름, 해안선과 지형을 매우 정확하게 그렸으며 보기 쉽고 가지고 다니기에도 편리하다.

1865년 흥선 대원군이 경복궁을 다시 짓다

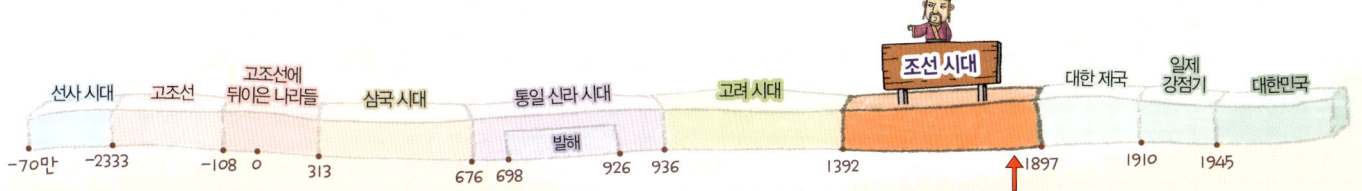

1868년 흥선 대원군이 전국의 서원을 철폐하다

흥선 대원군은 당파와 가문에 관계없이 인재를 등용하고, 당쟁의 근거지가 된 서원을 철폐했다.

서원은 유학자의 신주를 모시고 유생을 가르치던 대표적인 사학 교육 기관으로 처음에는 인재를 키우고 마을의 질서를 유지하는 등 긍정적인 기능을 했으나,

나중에는 혈연, 지연 관계나 학벌, 사제, 당파 관계 등을 이룬 지방 양반들이 당쟁의 근거지로 삼아 백성의 재산을 억지로 빼앗고, 지방 관청에 피해를 주기도 했다.

흥선 대원군은 전국의 650개 서원 중 소수 서원, 도산 서원 등 모범이 될 만한 47개의 서원을 남기고 나머지는 모두 문을 닫게 했다.

1879년 지석영이 한국인 최초로 종두법을 실시하다

마마는 귀신이 주는 병이 아니야! 마마로부터 백성을 보호하려면 종두법을 실시해야 해. 그렇다면 우리 가족부터….

마마는 천연두 바이러스에 의해 일어나는 악성 전염병이다.

조선 후기의 의사이자 문신이었던 지석영은 《종두귀감》이라는 책을 보고 종두에 관심을 갖기 시작했다.

그는 1879년 일본 해군 병원인 제생의원에서 종두법을 배워, 그해 겨울 처가가 있는 충주 덕산면에서 가족들과 주민 40여 명에게 '종두'를 실시했다. 종두는 천연두를 예방하기 위해 백신을 접종하는 것이었다.

1882년 고종이 국기(태극기)를 만들다

운요호 사건과 강화도 조약 등 개방화의 물결 속에 고종은 국가를 상징하는 국기의 필요성을 느끼고, 국기를 만들려고 했다.

그러자 청나라에서 마건충을 보내 자기 나라의 국기를 본떠 조선의 국기를 만들라는 압력을 넣었다.

고종은 크게 화를 내며 청나라의 압력을 뿌리치고 직접 국기를 도안해 조선의 국기를 만들었다. 이것이 나중에 태극기로 불리었다.

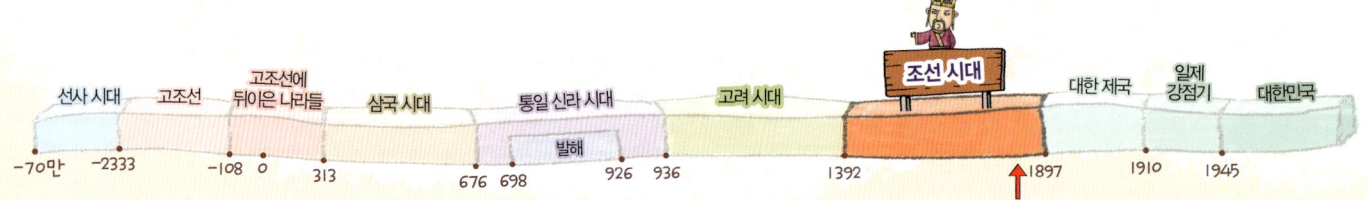

1883년 근대식 출판 기관인 박문국을 설치하고 〈한성순보〉를 발간하다

일본에 수신사로 파견된 개화파 박영효는 일본의 신문 제작과 관련된 근대식 시설을 보고 이런 생각을 했다.

조선을 근대화하고 국민의 계몽하기 위해서 신문을 발간하는 것이 좋겠어. 신문을 발간하려면 근대적인 시설을 갖춘 인쇄소와 출판 기관이 필요하겠지.

일본에서 귀국한 박영효는 고종에게 이를 건의했고, 고종은 근대식 인쇄 시설을 갖춘 출판 기관을 설치했다. 그 기관의 이름은 '박문국'이다.

그해에 박문국에서는 〈한성순보〉라는 신문을 발간했다. 〈한성순보〉는 한국 최초의 근대 신문이다.

1884년 우정총국을 설치하고 우정 업무를 시작하다

지방과 연락을 빠르게 하고, 외국의 문물을 쉽게 받아들이기 위해서 근대적인 우편 제도를 도입하는 것이…

알았다. 병조 참판 홍영식이 총책임자이니, 그리 하도록 하라.

이렇게 하여 한국 최초의 우편 행정 관서인 우정총국이 설치되었다. 우정총국은 건평방(지금의 종로구 견지동)에 있던 전의감(의료 기관) 건물을 고쳐 청사로 사용했으며,

일본, 영국, 홍콩 등 외국과 우편물 교환 협정을 체결한 뒤, 1984년 11월 17일 근대적 우편 업무를 시작했다.

1885년 서양식 병원 광혜원을 세우다

갑신정변 중에 명성 황후의 친척이자 민씨 정권의 대표적 인물인 민영익이 칼에 맞는 일이 벌어졌다.

미국인 선교사로 조선에 와 있던 호러스 알렌의 치료로 민영익은 목숨을 건졌고, 고종은 알렌을 왕실의 의사로 삼았다.

그 뒤, 알렌은 고종에게 서양식 병원을 세우자는 건의를 했고 고종은 이를 받아들여 서양식 의료 기관을 설치했다.

광혜원을 세운 곳은 지금의 서울의 재동(경복궁 옆에 위치)이며 문을 연 지 12일 만인 1885년 3월 12일에 제중원으로 이름을 바꾸었다.

144

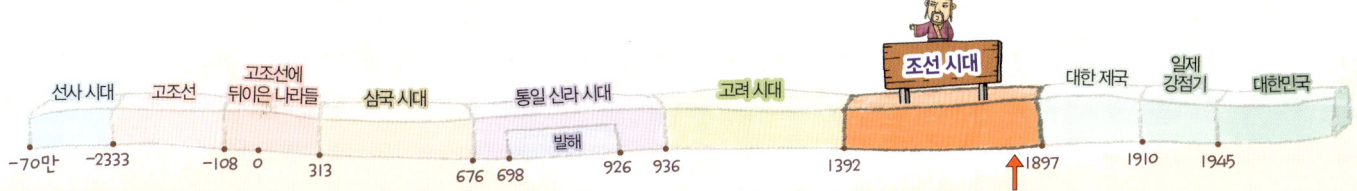

1886년 노비 세습제를 폐지하고 근대식 교육 기관을 설립하다

1887년 경복궁 건청궁에 전등이 설치되다

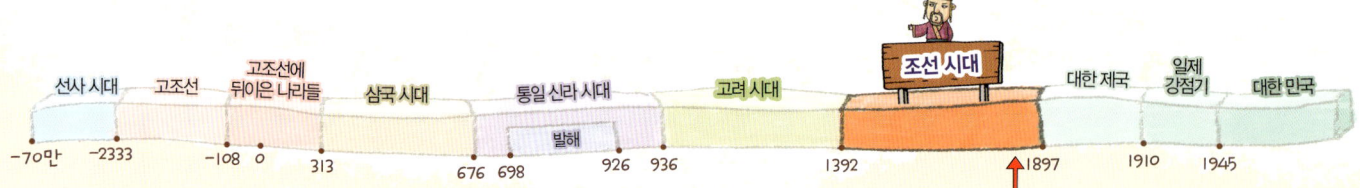

1894년 갑오개혁을 실시하다

조선의 지배권을 놓고 청나라와 일본 사이에 벌어진 청일 전쟁에서 승리한 일본은 조선의 정치에 간섭하기 위해 본격적으로 조선의 내정 개혁을 요구했다. 이에 김홍집을 중심으로 하는 친일파 정부가 세워졌고, 친일파 정부는 일본의 요구에 따라 조선의 개혁을 단행했다. 이를 갑오년에 일어난 개혁이라 하여 '갑오개혁'이라 한다. 갑오개혁의 중요 내용은 다음과 같다.

- 양반과 평민의 계급을 두지 않고 양반 제도를 없앰.
- 인재를 등용하는 데 문벌을 가리지 않음.
- 천민이 차별 대우를 받는 것을 금지함.
- 노비 제도를 없애고 노비를 사고파는 행위도 금지함.
- 죄인을 고문하는 것과 죄인과 친족 관계에 있는 사람에게 죄를 묻는 연좌제를 금지함.
- 어린아이에게 결혼을 시키는 것을 금지함.
- 과부의 재혼을 허용함.
- 과거제를 없애고 새로이 관리 등용법을 제정함.

1895년 유길준이 쓴 《서유견문》이 출간되다

1885년 미국에서 유학을 마치고 돌아온 개화파 유길준은 갑신정변과 관련된 인물로 몰려 7년 동안 감시당하며 일정한 장소에서만 지내는 연금 생활을 했다.

이 기간 동안 유길준은 《서유견문》이라는 기행문을 집필하여 1889년 완성했고, 6년 뒤인 1895년에 출간했다.

서양 각국의 지리, 역사, 정치, 교육, 법률, 행정, 경제, 사회, 군사, 풍속, 과학 기술, 학문 등 광범위한 분야를 다루었으며,

최초로 한글과 한자를 섞어 쓴 국한문혼용체 책이다.

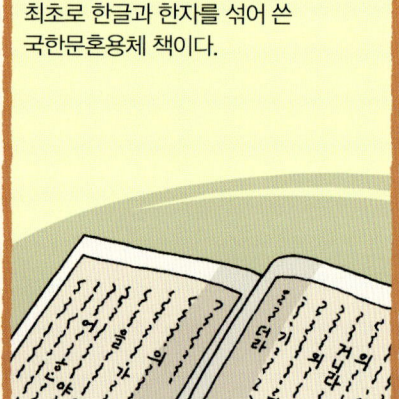

1896년 독립문이 세워지고 〈독립신문〉이 창간되다

갑신정변에 앞장섰던 서재필은 미국으로 망명한 지 11년 만에 고국으로 돌아와 '독립협회'를 만들었다.

독립협회는 〈독립신문〉을 창간하여 강연과 토론회를 열고, 민중 계몽 운동과 주권 독립 운동, 민권 운동을 벌였다.

또한, 한국의 독립을 선언하기 위해 국민의 돈을 모아, 청나라 사신을 영접하던 영은문 자리에 독립문을 세웠다.

독립문은 서재필이 프랑스의 에투알 광장의 개선문을 그린 것을 바탕으로 독일 공사관의 스위스 인 기사가 설계했다.

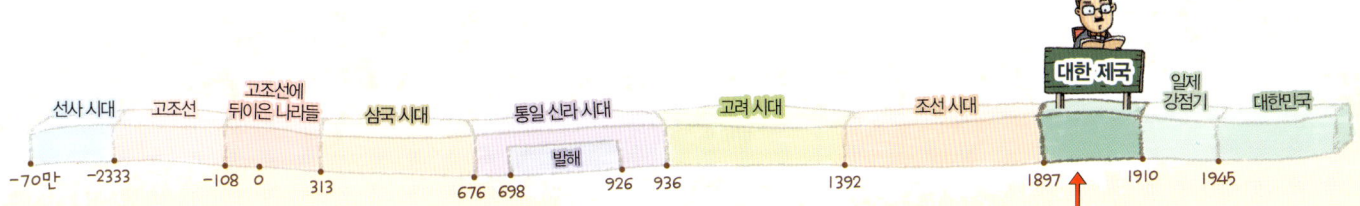

1899년 동대문에서 경희궁까지 전차 운행을 시작하다

1898년 한성 전기 회사가 콜브란 등 미국인과 계약을 맺고 미국 기술로 전차 공사를 시작했다. 서대문에서 청량리 구간의 공사가 12월에 완공되었고, 1899년 5월 4일, 오후 3시 동대문에서 경희궁 흥화문 구간의 운행에 성공했다. 전차는 시내에 선로를 설치하고 선로 위를 전기의 힘으로 운행하는 철도 차량이다.

개통식 때에는 구경꾼이 동대문 성곽에 구름처럼 모여들었으며 5월 20일부터 정상 운행을 하였는데 정거장을 따로 두지 않아 손을 흔들어 탈 수 있었고, 5세 이하는 무료였다.

1899년 인천에서 노량진 구간에 경인선이 개통되다.

1897년 미국인 제임스 모스는 대한 제국 정부로부터 위임을 받아 경인선 철도와 한강 철교를 세우는 공사를 시작했다.

그러나 일본의 압력과 자금난 등으로 제임스 모스는 경인선 철도와 한강 철교를 설치할 권리를 일본에게 넘겼으며,

일본은 1899년 4월에 공사를 시작해 그해 9월 18일 제물포에서 노량진 구간에 경인선을 개통했다. 1900년 7월 5일 한강 철교를 준공했다.

경인선 및 한강 철교가 개통되기 이전에는 서울에서 인천까지 육로로 12시간, 배편으로 8시간이 걸렸으나, 완공 뒤에는 1~2시간이 걸렸다.

꼭 알아 두어야 할 '이 시대엔 이런 일들이'

1811년

홍경래가 지방의 차별과 안동 김씨의 세도 정치에 불만을 품고 반란을 일으켰다.

1866년

병인박해 때 프랑스 신부가 죽자 이를 빌미로 프랑스 함대가 강화도를 공격하는 '병인양요'가 일어났다.

1871년

미국의 제너럴셔먼 호가 대동강에서 격침당하자, 미국 함대가 강화도를 공격하는 '신미양요'가 일어났다.

1876년

조선이 일본과 '병자수호조약'을 맺어 일본에게 부산, 원산, 제물포를 개방했다.

1881년

신사 유람단을 일본에 파견해 일본의 선진 문물을 견학하고 오게 했다.

1884년

급진 개화파 세력이 일본군의 힘을 빌려 민씨 정권을 무너뜨리는 '갑신정변'을 일으켰다.

1894년

전봉준이 '동학 농민 운동'을 일으켰다.

1895년

명성 황후가 일본인의 손에 살해를 당하는 '을미사변'이 일어났다.

1897

고종이 나라의 이름을 새로이 대한 제국으로 선포했다.

대한 제국 2와 일제 강점기와 대한민국

1901~2000년

조선의 주권을 강제로 빼앗은 일제는 한민족의 전통과 뿌리를 없애기 위해 우리말 사용을 금지하고 한국인의 성과 이름을 강제로 일본식으로 바꾸게 하는 등 민족 말살 정책을 실시했다. 그렇지만 한국은 예술, 체육 등의 분야에서 민족의 자긍심과 민족의식을 높이려 노력했으며 결국 일본의 패망으로 해방을 맞았다. 그러나 이념의 차이로 남과 북이 갈려 한국 전쟁이 일어나 수많은 사람이 희생되고, 전 국토가 폐허로 변하는 엄청난 피해를 겪었다. 전쟁이 끝난 뒤 대한민국은 경제 개발을 위한 노력을 기울여 세계 경제의 중심 국가가 되었으며 올림픽 경기 대회, 월드컵 축구 대회 등 국제 대회를 개최해 세계 평화와 인류 발전을 위해 큰 역할을 담당하는 국가로 성장했다.

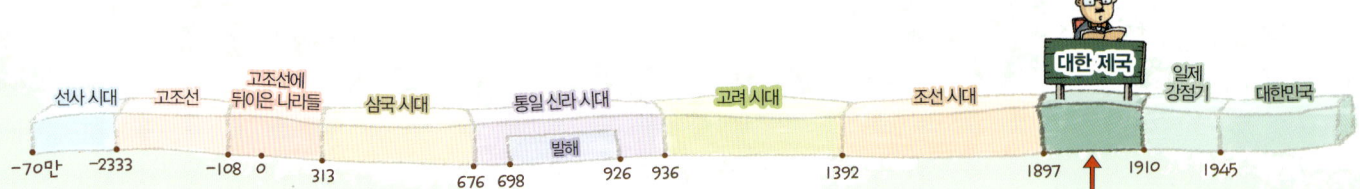

1905년 경부선 철도를 개통하다

1901년 8월 21일, 서울의 영등포와 부산의 초량에서 공사의 시작을 기념하는 기공식이 열렸다. 서울과 부산을 연결하는 경부선 철도 공사 기념식이었다.

서울과 부산을 잇는 경부선 철도와 서울과 신의주를 잇는 경의선 철도 부설권을 얻은 일본은 영국에서 자금을 빌려와 건설 장비를 구입하고, 철도 부설 공사를 시작했다.

일본이 1904년에 만주와 한반도에서 러시아와 전쟁을 벌이자 군수 물자 수송 등의 이유로 공사를 빠르게 진행하여,

1904년 12월 27일에 경부선 공사를 완공하여 1905년에 경부선 철도를 개통했다. 1906년에는 경의선을 개통하고 1908년부터 부산에서 신의주 구간의 직통 급행 열차를 운행했다.

1906년 이인직이 《혈의 누》라는 신소설을 쓰다

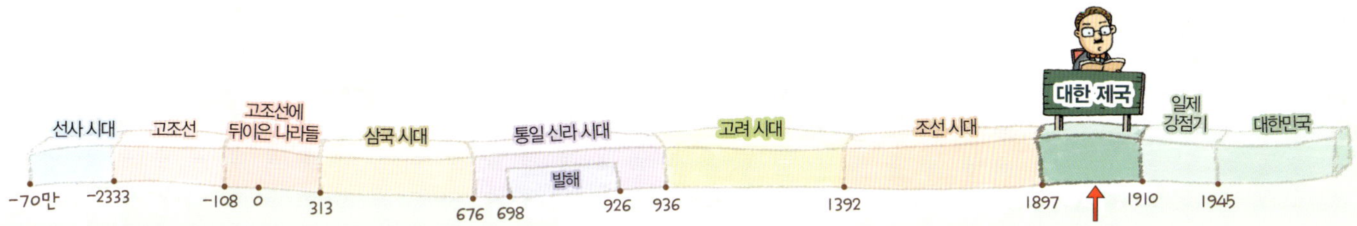

1908년 최남선이 〈소년〉을 창간하고, 신체시 〈해에게서 소년에게〉를 발표하다

일본 유학을 다녀온 최남선은 1907년에 고국에 돌아와 이듬해에 〈소년〉이라는 잡지를 창간했다.

〈소년〉은 청소년에게 새로운 지식을 보급하고 건강한 청년 정신을 심어 주기 위해 만든 잡지이다.

〈소년〉은 우리나라 최초의 잡지!

그해에 최남선은 4·4조나 7·5조, 또는 6·5조 등의 창가 형식을 깨뜨리고 〈해에게서 소년에게〉라는 자유로운 형식의 시를 발표했다.

틀을 벗어나자.

"一, 텨-ㄹ썩, 텨-ㄹ썩, 텨-ㄹ썩, 텩, 쏴아 / 따린다, 부슨다, 문허바린다 / 태산(泰山) 갓흔 놉흔 뫼, 집채 갓흔 바윗돌이나."
사람들은 이를 새로운 형식의 시라는 뜻으로 '신체시'라고 불렀다.

'신시'라고도 함.

1917년 이광수가 《무정》이라는 장편 소설을 신문에 연재하다

1910년에 오산 학교에서 학생을 가르치다가 일본 유학을 다녀온 이광수는 1917년에 〈매일신보〉에 장편 소설을 연재했다.

그 소설의 제목은 《무정》이다. 영어 교사 이형식과 김 장로의 딸 선형, 박 진사의 딸 영채라는 인물의 삼각 관계를 전개하며, 근대 문명에 대한 동경, 신교육 사상, 자유 연애의 찬양 등의 주제를 담아 당시의 독자들에게 큰 인기를 끌었다.

《무정》은 문체와 내용, 묘사 등에서 신소설의 성격에서 벗어나 근대 소설의 모습을 갖춘 작품이며, 한국 현대 문학의 출발을 알리는 작품으로 평가받고 있다.

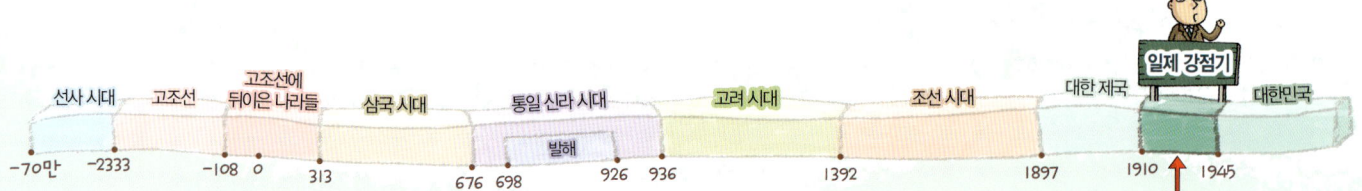

1922년 조선 미술 전람회를 열다

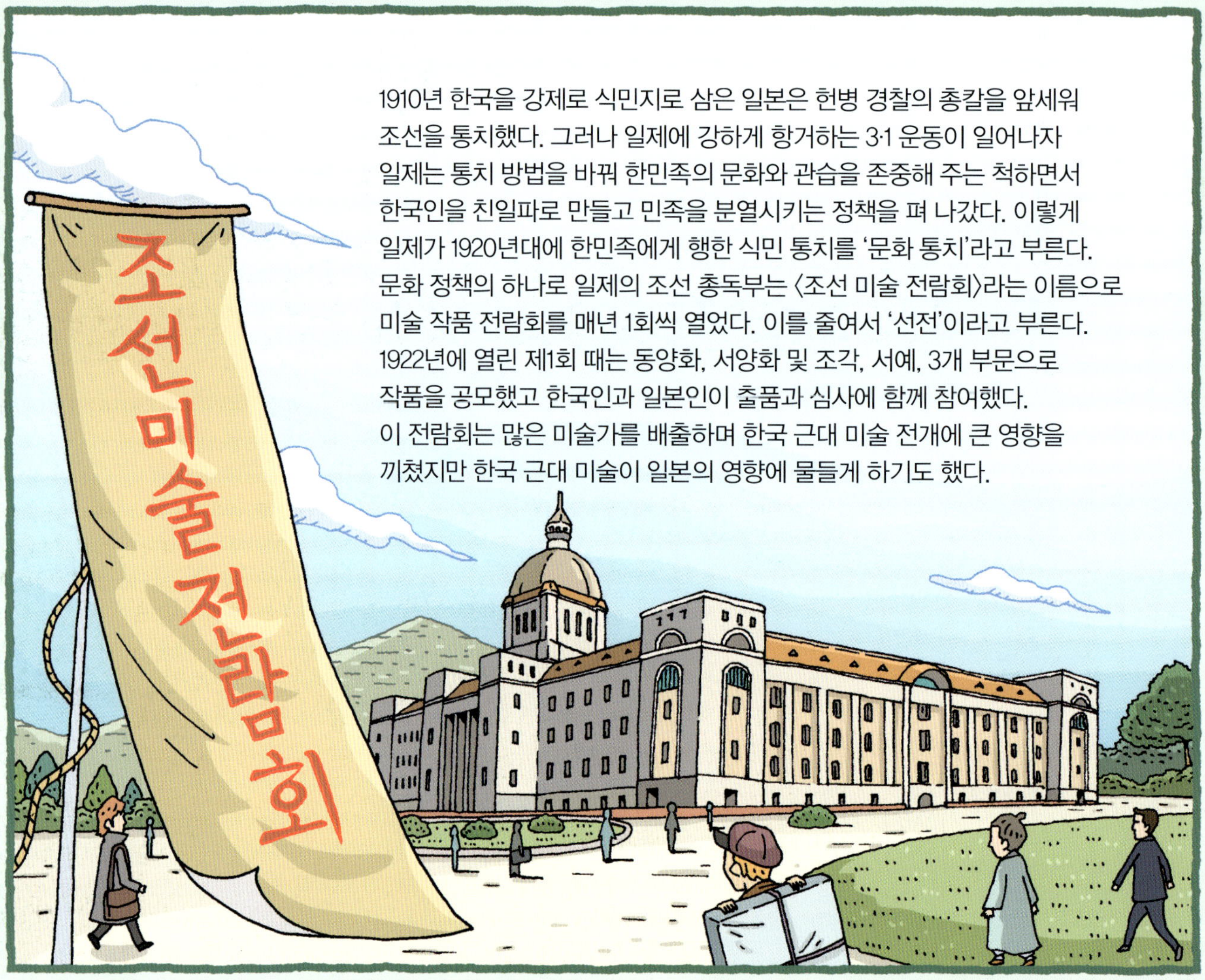

1910년 한국을 강제로 식민지로 삼은 일본은 헌병 경찰의 총칼을 앞세워 조선을 통치했다. 그러나 일제에 강하게 항거하는 3·1 운동이 일어나자 일제는 통치 방법을 바꿔 한민족의 문화와 관습을 존중해 주는 척하면서 한국인을 친일파로 만들고 민족을 분열시키는 정책을 펴 나갔다. 이렇게 일제가 1920년대에 한민족에게 행한 식민 통치를 '문화 통치'라고 부른다. 문화 정책의 하나로 일제의 조선 총독부는 〈조선 미술 전람회〉라는 이름으로 미술 작품 전람회를 매년 1회씩 열었다. 이를 줄여서 '선전'이라고 부른다. 1922년에 열린 제1회 때는 동양화, 서양화 및 조각, 서예, 3개 부문으로 작품을 공모했고 한국인과 일본인이 출품과 심사에 함께 참여했다. 이 전람회는 많은 미술가를 배출하며 한국 근대 미술 전개에 큰 영향을 끼쳤지만 한국 근대 미술이 일본의 영향에 물들게 하기도 했다.

1923년 색동회에서 어린이날을 제정하다

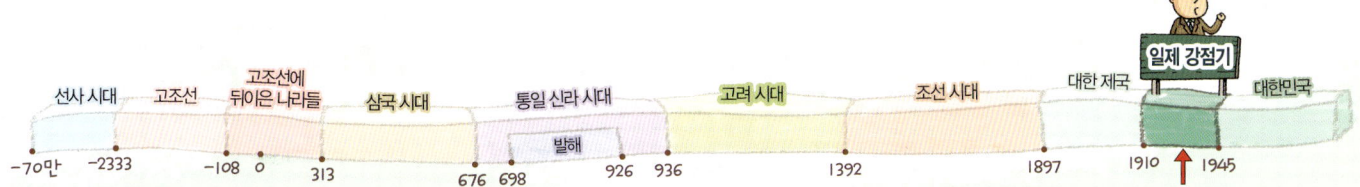

1926년 나운규가 만든 영화 〈아리랑〉을 개봉하다

1926년 조선 키네마에서 제작(나운규 각본·감독·주연·제작)한 '아리랑'이라는 흑백 무성 영화가 10월 1일에 단성사에서 개봉했다.

우리 민족의 민요인 아리랑을 제목으로 붙인 영화 〈아리랑〉은 일제 강점기에 나라 잃은 국민의 비통함과 항일 정신을 상징적으로 그려 낸 작품이다.

강한 민족주의를 영화화하여 진정한 민족 영화의 시작을 알렸으며, 당시 상상을 초월할 정도로 큰 인기를 누렸다.

상영관에서 관객들이 벅차서 목 놓아 울거나 아리랑을 합창하고, 심지어 조선 독립 만세를 외치기도 했다.

1927년 경성 방송국이 방송을 시작하다

일본은 1924년 11월 체신국에 무선 실험실을 설치하여 시험 방송을 한 뒤에,

2년 3개월여 만에 정기 시험 방송 단계를 거쳐 사단법인 경성 방송국을 설립했다.

호출 부호는 JODK, 출력은 1kW, 주파수는 690kHz로 1927년 2월 16일 첫 방송 전파를 발사하였고, 언어는 일본어와 한국어였다.

경성 방송국은 한국 최초의 방송국으로 당시의 경제 시황, 물가 시세, 일기 예보, 태평양 전쟁에 대한 보도 방송을 했다.

1928년 한글날을 제정하다

1926년 조선어 학회는 신민사와 공동으로 세종 대왕의 훈민정음 반포를 기념하고 훈민정음의 연구와 보급을 장려하기 위하여 훈민정음 반포 기념식을 치렀다.

《조선왕조실록》을 근거로 훈민정음의 반포일을 9월 29일(음력)로 짐작하고, 11월 4일(음력 9월 29일)을 '가갸날'로 정했다.

그 뒤, 훈민정음을 '한글'이라고 부르게 되면서 1928년에 가갸날이 한글날로 바뀌었다.

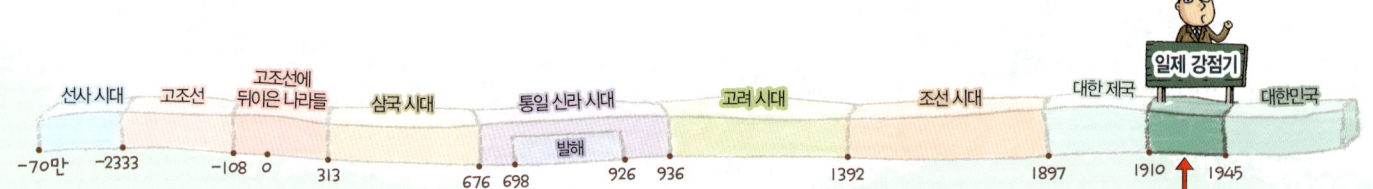

1936년 손기정이 베를린 올림픽 마라톤에서 우승하고, 안익태가 애국가를 작곡하다

평안북도 신의주에서 태어난 손기정은 중학 시절부터 육상 선수로 활약하다가 1936년에 제11회 베를린 올림픽 대회에 참가했다. 손기정은 2시간 29분 19초의 세계 신기록을 수립하면서 나라 잃은 설움을 딛고 세계를 제패했다.
1906년 평양에서 태어난 안익태는 일본, 미국, 유럽 등에서 유학하며 음악을 공부했다. 1936년 오스트리아 빈에서 바인가르트너에게 베토벤 음악을 배우며 지휘와 작곡을 공부하고, 같은 해에 애국가가 곡조 없이 스코틀랜드 민요 〈올드 랭 사인(Auld lang syune)〉의 곡조에 불리던 것을 안타까워하며 〈애국가〉를 작곡했다.

1938년 일본이 조선어 사용을 금지하다

1939년 일본이 한국인에게 창씨개명을 실시하다

1948년 의무 교육 제도를 법률로 제정하다

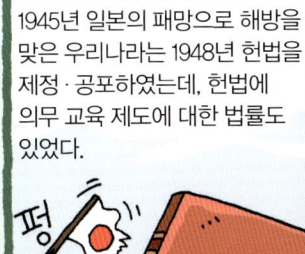

1956년 텔레비전 방송을 시작하다

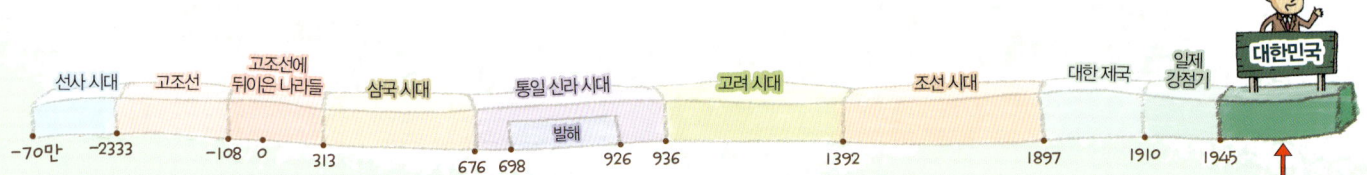

1962년 가족 계획 사업을 실시하다

1970년 경부 고속 도로를 완공하다

1971년 새마을 운동을 시작하다

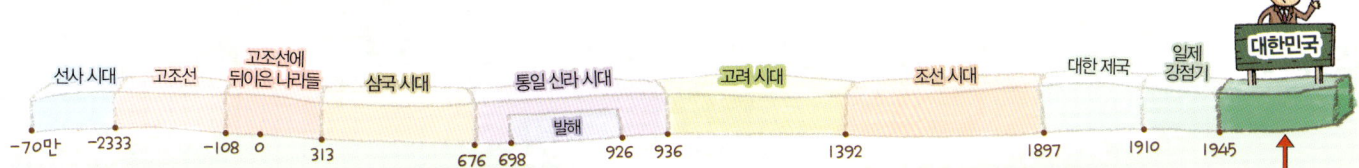

1974년 서울에 지하철을 개통하다

1983년 이산가족 찾기 방송을 하다

1984년 아시아 경기 대회, 1988년 서울 올림픽경기 대회를 개최하다

꼭 알아 두어야 할 '이 시대엔 이런 일들이'

1904년

일본이 강제로 한국과 을사조약을 맺고 한국의 외교권을 박탈했다.

1907년

고종 황제가 헤이그에 특사를 파견했다. 전국에서 국채 보상 운동이 벌어졌다.

1909년

안중근 의사가 하얼빈에서 이토 히로부미를 살해했다.

1910년

한일 합병 조약으로 한국이 국권을 일본에게 빼앗겼다.

1919년

3·1 운동이 일어났다. 상하이에 대한민국 임시 정부를 세웠다.

1920년

청산리 전투와 봉오동 전투에서 독립군이 일본군에게 승리를 거두었다.

1923년

민족 자본을 성장시키기 위해 물산 장려 운동을 벌였다.

1926년

6·10 만세 운동이 일어났다.

1929년

광주 학생 항일 운동이 일어났다.

1945년

일본의 패망으로 우리 나라가 광복을 맞다.

1948년
남한 만의 선거로 국회가 구성되어 대한민국 헌법을 공포하고, 대한민국 정부를 세웠다.

1950년
북한의 침공으로 한반도에서 한국 전쟁이 일어났다.

1960년
이승만 정권의 장기 집권을 반대하는 4·19 혁명이 일어났다.

1961년
5·16 군사 정변이 일어나 박정희를 중심으로 하는 군인들이 정권을 잡았다.

1962년
경제 개발 5개년 계획이 실시되었다.

1977년
100억 달러 수출 목표를 달성했다.

1979년
10·26 사태로 박정희 대통령이 암살당해 유신 체제가 막을 내렸다. 12·12 사태로 신군부가 권력을 잡았다.

1980년
5·18 광주 민주화 운동이 일어났다.

1987년
6월 민주화 운동이 일어나고 6·29선언으로 대통령 직선제가 실시되었다.

1996년
대한민국이 경제 협력 개발 기구(OECD)에 회원국으로 가입했다.